이순신을 읽다, 쓰다

이순신을 읽다, 쓰다

초판 1쇄 인쇄 2016년 2월 5일 초판 1쇄 발행 2016년 2월 15일

편저자 정춘수·손지숙 펴낸이 연준혁

출판 1분사
편집장 한수미

펴낸곳 (주)위즈덤하우스 출판등록 2000년 5월 23일 제13-1071호
주소 경기도 고양시 일산동구 정발산로 43-20 센트럴프라자 6층
전화 031)936-4000 팩스 031)903-3891
홈페이지 www.wisdomhouse.co.kr

값 11,800원 ⓒ 정춘수·손지숙, 2016
ISBN 978-89-6086-901-1 03900

고전
필독
필사

이순신을 읽다, 쓰다

정춘수 · 손지숙 편저

위즈덤하우스

고전하지 않는
고전 읽기를 위해서

혹시 들어본 적이 있나요?

"읽을 때 고전苦戰하는 책이 고전古典이다."

고전이라 불리는 책들 대부분이 읽기가 만만치 않아서 나온 말이지요. 대부분의 고전은 쓰인 시대의 상황이나 배경, 문화가 현대와 다릅니다. 고전을 잘 읽기 위해서는 그 격차를 메울 수 있는 상상력과 교양이 필요하지요. 그런 것이 없는 초보 독자에게 고전 독서란 읽어야 한다는 의무감만 가득한, 버티기 버거운 노동일 수밖에 없습니다.

『난중일기亂中日記』로 알려져 있는 이순신의 일기를 읽는 일도 비슷해요. 이순신의 『난중일기』는 고전 중의 고전이라 할 만한 책입니다. 임진왜란의 기록이라는 역사적 가치뿐 아니라 개인의 내면 고백으로서 문학적 가치도 높게 평가받는 저술이지요.

그러나 『난중일기』의 하루하루를 열심히 읽어도 이순신의 생각과 경험을 재구성하기가 쉽지 않습니다. 임진왜란이라는 큰 전쟁을 배경으로 하고 있는데도, 『난중일기』에는 불필요한 뒷말이나 잡담이 거의 없어요. 감정 서술도 극히 절제되어 있지요. "맑다", "활을 75발 쏘았다"처럼 한두 줄로 끝나버리는 날도 많아서 이야기를 좋아하는 사람은 읽기가 힘듭니다.

이 때문에 사람들이 기억하는 이순신은 그의 글이 아니라 그의 글을 각색한 영화나 드라마를 통해서 얻어진 경우가 많습니다.

"신에게는 아직도 12척의 배가 남아 있습니다."

이런 이순신의 어록도 영화나 드라마를 통해 알게 된 사람이 더 많겠지요.

필자 역시 그랬습니다. 꽤 오래 전에 고전이라 해서 『난중일기』를 읽었지만, 일기를 읽었던 장소나 일기의 한 구절이라도 기억에 박혀 있지 않았습니다. '이순신' 하면 이순신 배역을 맡았던 배우 얼굴부터 먼저 떠올랐지요. 이 책을 편역하기 위해 『난중일기』를 비롯한 이순신의 기록물들을 다시금 꼼꼼히 읽기 전까지는 말이에요.

이 책은 이순신의 일기와 글 가운데 그의 감정이 드러난 기사를 연대순으로 추리고, 이를 직접 써볼 수 있도록 구성한 책입니다. 이순신의 슬픔이나 분노, 기쁨, 한탄, 고통 등을 통해 그의 생각을 깊게 이해하고, 일기를 써보면서 그의 감정을 더 가까이 느낄 수 있게 했지요.

고전의 육성은 보존하면서, 고전 읽기의 어려움은 덜어내고자 한 시도라 할 수 있습니다.

예전부터 이순신 관련 드라마나 영화를 보고 나면 마지막에 궁금증 하나가 꼭 남았습니다.

'싸움에 임해서 단 한 번도 패한 적이 없지만 승리의 기쁨보다 승리의 고난과 고통을 더 크게 짊어져야 했던 사내, 그 사내가 삶을 버티고 이겨냈던 힘은 어디에서 왔을까?'

이번에 책의 재번역과 구성 작업이 마무리된 후 한 줄씩 찬찬히 책에 실린 순서대로 이순신의 일기를 써봤습니다. 그리고 마침내 그 의문을 풀 수 있었습니다. 엉덩이를 의자에 붙이지 못하고 일어났다, 앉았다 들썩댈 수밖에 없었던 몇 번의 순간이 지난 뒤였지요.

필자가 얻은 답은 한두 마디로 요약될 정도로 간단했습니다. 그렇지만 해설로 요약해봐야 이순신이 직접 쓴 글 한 줄이 주는 감동에 미치지 못할 것입니다. 독자께서 직접 느껴보시길 바랍니다.

정춘수·손지숙

차례

1592년 임진년

1일 맑다.

새벽에 동생 우신과 조카 봉, 아들 회가 와서

이야기를 나눴다.

어머니 곁을 떠나 남쪽에서 두 해를 지내니

슬픔이 북받쳐 참기 어렵다.

『난중일기』의 시작

정읍 현감으로 재직하던 이순신이 전라좌도 수군절도사로 부임한 때가 1591년 2월이다. 임진왜란이 터지기 1년 2개월 전, 그의 나이 48세 때였다. 천거한 이는 『징비록』으로 유명한 유성룡. 반대가 심하고 뒷말이 많았던 인사였다. 종6품에 서 정3품으로 한 번에 7품계를 뛰어넘는 승진이었던 탓이다.

평화로운 시기였다면 이런 파격적인 승진은 이순신에게 크나큰 기쁨이었으리라. 그러나 1591년은 이미 전쟁의 조짐이 드러나던 시기였다. 이순신은 자신의 임무가 조만간 일어날지 모를 전쟁 대비에 있음을 잘 알고 있었다. 그는 차근 차근 그 일을 수행해냈다. 그렇게 8개월이 흘러 1592년(임진년) 새해를 맞은 날, 『난중일기』가 시작된다. 전쟁이 터지기 4개월 전이었다.

初一日壬戌。晴。

曉。舍弟汝弼及姪子莘，豚薈來話。

但離天只。再過南中。不勝懷恨之至。

3일 맑다.

동헌에 나가 별방군을 점검하고

공문을 써서 각 고을과 포구에 보냈다.

이순신의 전쟁 대비

전라좌수사로 부임한 이순신이 가장 신경을 썼던 일은 수군의 병력을 확보하는 일이었다. 임진왜란은 치욕적인 전쟁이었다. 부산에 상륙한 일본군이 한양을 점령하기까지 단 20일밖에 걸리지 않았다. 그 이유 중 하나가 병력 수급이 원활하지 않다는 점인데, 당시 육지의 군사는 상당수가 서류 속에서만 존재했기 때문이다. 점검은 허술했고, 체계적인 훈련은 이뤄지지 않았다.

그러나 이순신이 관할했던 수군만큼은 달랐다. 이순신은 정기적으로 군사를 소집해서 인원을 하나하나 엄격하게 점검하고 훈련시켰다. 정규군 외에 별도로 군사들을 꾸려서 병력 교대가 제대로 이뤄지고 있는지도 빈틈없이 챙겼다.

初三日甲子。晴。

出東軒。別防點考。

題送各官浦公事。

1일 새벽에 궁궐을 향해 예를 올렸다.

안개비가 잠깐 흩뿌리다가 늦게야 갰다.

선창에 나가 쓸 만한 널빤지를 골랐다.

때마침 둑 안으로 피라미 떼가 몰려들기에

그물을 펼쳐 2,000여 마리를 잡았다.

그 모습이 정말 볼 만했다.

그대로 배 위에 앉아 우후 이몽구와 함께

술을 마시며 새봄의 경치를 바라보았다.

임진년의 봄날

전쟁 영화에서 자주 사용하는 기법이 있다. 인간성을 말살시키는 잔인한 전쟁 장면이 시작되기 전에 고요하고 아름다운 자연 풍광을 보여주는 것이다. 푸른 하늘과 귓가에 스치는 바람 소리, 부드러운 바람에 흔들리는 풀잎들…… . 긴장 감과 함께 화면을 가득 채우는 자연의 아름다움은 앞으로 다가올 전쟁의 참혹함을 잠시나마 잊게 만든다. 아름다운 자연과 참혹한 전쟁의 선명한 대비는 전쟁 영화에서 극적인 장치로 활용된다.

이날의 일기는 마치 본격적인 전투 장면이 시작되기 직전, 전쟁 영화의 한 장면처럼 눈앞에 펼쳐진다. 임진왜란이 시작된 뒤 이런 장면은 더 이상 나오지 않는다.

初一日壬辰。曉. 行望闕禮。

煙雨暫灑晚霽。

出船滄。點擇可用板子。

時水塲內鯈魚雲集。張網獲二千餘箇。

可謂壯矣。

仍坐戰船上飮酒。

與虞候共看新春景色。

20일 맑다.

아침에 방비와 전선 상태를

하나하나 점검했다.

전선은 모두 새로 건조했고,

무기 역시 어느 정도 구비되었다.

느지막이 출발해서 영주(흥양현)에 이르렀다.

산마다 꽃이 피고, 들가엔 풀내가 가득했다.

마치 그림 같았다.

순회 점검 1

이순신은 2월 19일부터 27일까지 자신이 관할하는 지역의 순회 점검에 나섰다. 그동안 문서와 구두로 지시 내린 사항들이 제대로 진행되고 있는지 점검하는 과 정이었다. 부임한 지 1년이 지난 시점이었다. 전선을 비롯한 활, 갑옷, 투구를 중 심으로 한 군기류, 성곽 등 전반적인 방비 상황뿐 아니라 병사들의 군기까지 모 두 점검 대상이었다. 이순신은 첫날 백야곶(전남 여수시)을 시작으로 여도진(전남 고흥군), 흥양현(전남 고흥군) 등을 차례로 이동하며 꼼꼼히 점검해나갔다.

점검이 끝난 뒤에는 현지 사령관이나 지방관과 술자리를 통해 격의 없는 대화를 나누었다. 때로는 대포를 쏘는 시범이 실시되거나 술자리에 앞서 함께 활을 쏘 는 시간을 갖기도 했다. 날씨가 그리 좋지 않은 날엔 이동 중에 봄비에 흠뻑 젖기 도 했다. 하지만 이순신은 괘념치 않았다. 오히려 들에 핀 봄꽃을 보며 감흥에 젖 었다.

二十日辛亥。晴。

朝點各項防備戰船。

則皆新造。軍器。亦皆少完。

晚發到瀛洲。

左右山花。郊外芳草如畫。

25일 흐리다.

사도진의 전쟁 대비 상태에 허술한 데가 많았다.

책임진 군관과 색리들을 처벌하였다.

첨사는 잡아들이고, 교수는 내쫓았다.

방비가 다섯 진포 중에 제일 못한데도

순찰사가 잘 되었다는 장계를 올린 탓에

죄를 제대로 조사하지 못했다.

그저 웃음만 나왔다.

순회 점검 2

순회 점검 결과 전쟁 대비 태세가 그리 나쁘지 않았다. 24일까지 이순신은 별다른 지적 사항 없이 흡족해했지만, 25일에 기어이 일이 터지고야 말았다. 사도진 (전남 고흥군) 점검 결과 전비 태세가 허술했던 것이다. 이순신은 첨사를 잡아들이고 책임자를 처벌했다.

이순신의 적은 일본군만이 아니었다. 조선 내부에서 전쟁 대비에 불평불만을 털어놓는 자들 역시 또 다른 적이었다. 『징비록』을 보면, 당시 조선 조정은 적을 방어하는 진관제도를 정비하자는 유성룡의 주장을 폐기하고, 변란에 대비하자는 말을 무시하며, 일본군을 만만히 보는 분위기였다는 것을 알 수 있다. 이런 분위기 속에서 이순신의 지시를 제대로 따르지 않은 지역이 있었다. 이순신은 이를 철저히 가려내고 처벌하였다. 임진왜란 전까지 『난중일기』에는 총 5회의 처벌 기록이 나온다.

二十五日丙辰。陰。

各項戰備多有頉處。

軍官，色吏決罪。

僉使捉入。教授出送。

防備。五浦中最下。

而以巡使褒啓。未能撿罪。

可笑。

5일 맑다.

동헌에 나가 공무를 보았다. 군관들은 활을 쏘았다.

날이 저물어 서울에 올라갔던 진무가 돌아왔다.

좌의정 유성룡 대감이 편지와 함께

『증손전수방략』이라는 책을 보내왔다.

물 위와 육지의 전투, 불로 공격하는 화공 등이

낱낱이 설명되어 있었다.

이전에 보지 못했던 뛰어난 저술이다.

이순신과 유성룡

오늘날 유성룡의 이순신 천거는 최고의 인재 발탁 사례로 평가받는다. 이순신은 올곧은 사람이자 문무를 갖춘 뛰어난 장수의 자질을 갖추었음에도 불구하고, 47세가 될 때까지 전혀 두각을 나타내지 못하고 있었다. 세운 공은 많았지만 그 누구도 이순신을 천거하지 않았다. 하지만 유성룡은 달랐다.

유성룡은 말과 웃음이 적고, 용모가 단아하며, 자기 몸을 잊고 나라를 위하는 이순신의 사람됨을 눈여겨보았다. 그는 이런 이순신을 위기의 조선을 구할 인물로 정확히 꿰뚫어보고 전라좌수사로 천거한다. 물론 무명의 이순신을 조정이 호락호락 받아줄 리 없었다. 하지만 유성룡은 이 또한 예견하고 자신이 밀고 있었던 또 다른 인물의 천거를 취소함으로써 뜻을 관철시켰다.

初五日乙丑。晴。

出東軒公事。軍官等射帿。

暮。上京鎭撫入來。

左台簡與增損戰守方略册送來。

見之則水陸戰火攻等事。一一論議。

誠萬古之奇論也。

27일 맑고 바람이 없었다.

일찌감치 아침을 먹은 뒤 배를 타고 소포로 나갔다.

쇠사슬을 가로질러 설치하는 일을 감독하고

하루 종일 나무 기둥 세우는 일을 살폈다.

시험 삼아 거북선에서 대포도 쏘아보았다.

거북선, 처음 등장하다

거북선에 관한 내용이 처음으로 등장하는 일기이다. 이순신은 전쟁을 대비함에 있어 기존의 주력함인 판옥선을 유지·보수하고 만드는 한편, 돌격선인 거북선 도 새로 만들었다. 이날 처음 포를 시험 발사한 거북선은 5월 사천해전, 6월 당 항포해전 등에 등장해 활약하게 된다.

거북선은 돌격을 주특기로 빠른 기동성을 자랑한다. 등에는 창검과 송곳이 꽂혀 있어 일본군이 오를 수 없었고, 앞머리와 옆구리 사방에 설치된 화포의 위력 때 문에 쉽게 다가갈 수도 없었다. 거북선은 곳곳에서 벌어진 일본군과의 전투에서 대장선을 향해 돌진했다. 이렇게 공격을 주도하는 거북선을 앞세워 이순신은 일 본군의 진형을 무너뜨리고 적의 기세를 꺾었다.

二十七日丁亥。晴而無風。

早食後。騎船到召浦。

監鐵鎖橫設。終日觀立柱木。

兼試龜船放砲。

8일 날이 흐렸지만 비가 오진 않았다.

아침에 어머니께 보내는 물건을 싸서 묶었다.

늦게 동생 우신이 떠나가고

혼자 창가에 앉아 있으려니

별의별 생각이 다 떠올랐다.

전쟁 발발 일주일 전

동아시아의 역사를 바꾸어놓은 임진왜란이 일어나기 일주일 전. 이순신은 여느 날과 다르지 않은 하루를 보낸다. 어머니에 대한 그리움과 가족에 대한 걱정이 얼핏 엿보이는 4월 8일의 하루. 일기 곳곳에 스며들어 있는 어머니와 가족에 대한 깊은 사랑은 묵묵하고도 자연스럽게 다가온다.

비가 오지 않는 흐린 날, 이순신은 홀로 있는 고독을 느끼기도 한다. 하지만 "별의별 생각이 다 떠올랐다"는 표현에 집중하게 된다. 앞으로 다가올 조선의 험난한 운명을 예감한 듯 이순신은 복잡한 심경을 드러내고 있다.

初八日丁酉。陰而不雨。

朝。封天只前送物。

晚汝弼離去。獨坐客窓。

懷思萬端也。

13일 맑다.

동헌에 나가 일을 본 뒤에

활 75발을 쏘았다.

일본군의 부산 상륙

4월 13일은 500여 척의 일본군 함대가 부산 앞바다에 도착한 날이다. 부산에 도착한 일본군은 일부만 상륙하고 나머지는 배를 정박한 채 바로 공격하지 않았다. 당시 부산진 수군첨사는 부임한 지 2개월쯤 된 정발이었는데 하필 사냥을 나간 상태였다. 수병들의 훈련 상태와 군관들의 활 솜씨를 평가하기 위한 사냥이었다.

사냥을 나갔던 절영도에서 일본군의 기습 침략을 보고받은 정발의 머릿속에는, 그동안 항간에 떠돌던 "일본이 쳐들어올지도 모른다"는 소문이 스쳤다. 정신을 가다듬은 정발은 서둘러 부산진성으로 돌아왔다.

일본군은 부산진성으로 사람을 보내 항복을 권유했지만, 정발은 일본군의 말도 안 되는 권유를 단호히 거절하고 다음 날 전투를 준비한다. 이날 이순신은 이러한 사실을 까맣게 모르고 있었다.

十三日壬寅。晴。
出東軒公事後。射帿十五巡。

16일 밤 10시쯤,

영남 우수사의 공문이 왔다.

부산 같은 큰 진영이 벌써 함락되었다고 한다.

속상하고 답답해 견디기 어려웠다.

즉시 장계를 올리고 삼도*에도 공문을 보냈다.

* 경상·전라·충청도.

1
5
9
2
년
임
진
년

조선의 초기 대응

일본군이 부산에 상륙한 다음 날 14일, 부산진성전투를 처음으로 임진왜란은 시작된다. 부산진성의 정발과 병사들은 온 힘을 다해 일본군과 싸웠지만 역부족이었다. 단숨에 부산진성을 무너뜨리고 기세가 오른 일본군은 동래성으로 몰려간다. 동래성은 부산진성보다 규모는 크지만 방어 시설이 제대로 갖추어지지 않은 상태였다. 부산 지역 대부분의 사령관들이 살 길을 찾아 도피한 와중에, 동래 부사 송상현은 끝까지 동래성을 포기하지 않고 일본군에 맞서지만, 결국 패하고 목숨을 잃고 만다. 이렇듯 임진왜란 초기의 전쟁 결과는 참담했다.

이순신이 일본군의 침략 사실을 인지한 시기는 4월 15이다. 그때는 이미 부산진성, 동래성이 모두 무너진 뒤였다.

十六日乙巳。二更。

嶺南右水使移關。

釜山巨鎭。已爲陷城云。

不勝憤悗。

卽馳啓。又移文三道

2일 맑다. …

군관 송한련이 남해에서 돌아와 말했다.

"남해 현감과 미조항 첨사, 상주포 만호,

곡포 만호, 평산포 만호들이

왜적에 대한 소문을 듣고 벌써 달아났고,

무기나 여러 물자도 몽땅 흩어져

남은 게 없다고 합니다."

한강 방어선 붕괴

5월 2일은 조선의 한강 방어선이 무너진 날이다. 일본군은 조선 땅에 발을 들여
놓은 지 불과 2일 만에 부산 지역을 점령하고 북쪽으로 진격한다. 선봉대를 셋으
로 나눈 일본군은 조령, 추풍령, 죽령 세 갈래 길로 밀고 올라왔다. 상주에서 조
선군은 일본군의 기습으로 완패했으며, 더 이상 물러서지 않겠다는 각오로 배수
진을 친 충주의 탄금대전투도 일본군을 막지 못했다. 조선 조정이 끝까지 믿었
던 신립마저 탄금대에서 죽음을 맞았다. 일본군은 파죽지세로 한강까지 밀고 올
라왔다.

4월 30일 이른 새벽, 선조는 한성을 포기하고 임진강을 건너 개성으로 향한다.
일본군은 임금이 없는 조선의 수도 한성에 손쉽게 입성하였다.

初二日辛未。晴。⋯

宋漢連自南海還言。

南海倅, 彌助項僉使, 尙州浦,

曲浦, 平山浦等。

一聞賊倭聲息。輒已逃散。

使其軍器等物。盡散無餘云。

7일. …

정오 무렵 옥포 앞바다에 이르렀습니다. …

다시 장수들을 다잡아 일렀습니다.

"가볍게 움직이지 말고 산과 같이

찬찬하고 신중하게 행동하라."

포구 앞바다 한가운데로 대열을 맞추어

한꺼번에 들어갔습니다.

– 「옥포파왜병장」, 5월 10일

옥포해전, 1차 출전

위의 글은 왕에게 올린 보고문인 장계(狀啓)이다. 5월 6일 드디어 경상우도와 전라좌도 수군이 최초로 연합 함대를 꾸렸다. 이순신은 장수들을 한데 불러모아 작전 회의를 했다. 그리고 7일 새벽, 비밀리에 입수된 일본군의 위치 정보에 따라 항해를 시작, 정오쯤 옥포 앞바다에서 일본 수군을 만났다. 이순신은 장수들에게 "신중히 행동하라"는 지시를 내린다. 일본군이 조선 땅에 침입한 이후 임진왜란 최초의 해전이 시작되는 긴장된 순간이었다.

조선 수군은 일본 함대를 포위하면서 치열한 싸움을 벌인다. 이날을 위해 훈련하고 준비해왔던 조선 수군은 전투력 측면에서 일본 수군에 앞섰다. 이 옥포해전의 승리로 조선은 처음으로 일본을 이길 수 있다는 자신감을 얻게 된다.

初七日。…
午時至玉浦前洋。…
更飭諸將勿令妄動。靜重如山事傳令後。
同浦洋中整列齊進。
　－「玉浦破倭兵狀」

29일 맑다. …

장수들을 독려하며 일제히 달려들었다.

빗발치듯 화살을 퍼붓고,

대포를 바람과 우레같이 쏘아대니

적들이 두려워 물러났다.

화살에 맞은 이가 몇 백 명인지 알 수 없고,

왜적의 머리도 많이 베었다. …

왼쪽 어깨 위에 맞은 총탄이 등을 뚫고 지나갔다.

중상은 아니었다.

사천해전, 2차 출전

원래 2차 출전은 6월 3일까지 전라도 수군이 모두 모인 뒤 경상도 해역으로 출발하기로 계획되어 있었다. 그런데 5월 27일, 일본 군선 10여 척이 벌써 사천, 곤양 등으로 다가왔다는 공문이 도착한다. 더 이상 지체할 수 없었던 이순신은 단독 출전을 결심하고, 전라우도 수군에게 곧바로 뒤쫓아오라는 편지를 남긴다. 29일 새벽, 이순신은 전라좌도 수군만을 이끌고 출전한다. 사천의 깎아지른 듯한 해안 절벽 아래 일본군들의 대형 군선이 정박해 있었다. 마음 같아서는 일본군을 먼저 공격하고 싶었지만 썰물로 물이 빠진 상태였기 때문에 때가 좋지 않았다. 일본 군선을 유인해내려 했지만 걸려들지 않았다. 일본군은 절벽 위에서 조총만 쏘아댈 뿐이었다. 이때 마침 조류의 방향이 바뀌었다. 때를 기다리던 이순신은 거침없이 일본군을 몰아세워 대승을 거둔다. 하지만 이날 입은 총상으로 이순신은 여러 달 동안 고생하게 된다.

二十九日戊戌。晴。…

余督令諸將。一時馳突。

射矢如雨。放各樣銃筒。亂如風雷。

賊徒畏退。逢箭者不知幾百數。多斬倭頭。…

余亦左肩上中丸。貫于背。不至重傷。

8일. … 광양 현감 어영담도 먼저 진격해

왜의 커다란 층각선 한 척을

바다 가운데서 완전히 격파했습니다.

그가 왜장을 쏘아 맞혀서 내 배로 묶어왔는데

화살 맞은 상처가 깊어 말도 못할 정도여서

심문하지 않고 곧바로 베었습니다.

또 다른 왜적의 목 열둘을 베고

우리나라 사람 한 명을 구출했습니다.

– 「견내량파왜병장」, 7월 15일

1
5
9
2
년
임
진
년

한산도대첩, 3차 출전

8일 이른 새벽, 이순신은 연합 함대를 이끌고 출전했다. 부상에서 몸이 완전히 회복되지 않았지만 재출전 준비는 차질 없이 진행된 상태였다. 3차 출전의 목표는 전라도 해역을 호시탐탐 넘보는 일본 수군을 완전히 내치는 것이었다.

이순신은 일본 수군을 좁은 견내량에서 한산도 앞의 넓은 바다로 끌어낸다. 그러고는 적 함대를 학익진 전술로 포위한 뒤 일제히 총공격을 가해 격파했다. 이 역사적인 한산도대첩의 승리는 오로지 이순신과 조선 수군의 것이었다.

한편 이순신은 포로로 잡혀온 일본군을 함부로 대하지 않았다. 비록 전투 중에는 목숨을 걸고 싸워야 하는 적이지만, 같은 군인으로서 인간으로서의 예의를 다하였다. 삶의 최후가 다가온 자에게도 인간의 존엄성과 목숨의 고귀함만큼은 지켜주었다.

初八日。… 光陽縣監魚泳潭。亦爲先突。

撞破層閣倭大船一隻。洋中全捕。

射中倭將。縛致臣船。

未及問罪。逢箭甚重。語言不通。卽時斬首。

他倭幷斬十二級。我國人一名生擒。

　—「見乃梁破倭兵狀」

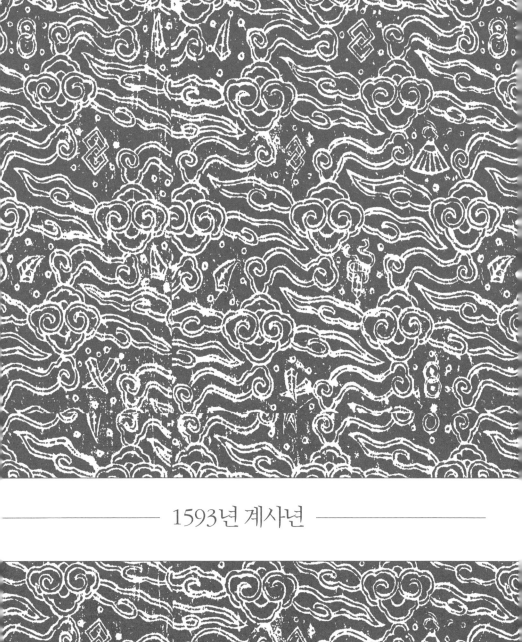

1593년 계사년

12일 아침에 흐리더니 늦게야 맑았다.

새벽에 삼도 군사가 한꺼번에 출발하여

바로 웅천현 웅포에 도착했다.

적의 무리는 어제와 같았다.

배로 들어갔다 나왔다 하면서 꾀었으나

적은 끝내 바다에 나오지 않았다.

두 번이나 웅포까지 쫓아갔으나

그래도 잡아 무찌르지 못하였으니 어찌할 것인가?

분하고 또 분하였다.

평양성 탈환과 행주대첩

1592년 6월 14일, 평양성이 힘없이 무너졌다. 그해 12월, 조선 조정이 손꼽아 기다리던 명나라 원군이 도착했다. 그리고 다음 해 1월 6일, 평양성 탈환을 위한 조선군과 명군 연합군의 작전이 시작되었다. 당시 평양성에 주둔했던 일본군은 명군의 입국 사실을 전혀 몰랐다. 일본군은 예상보다 빠른 명군의 참전에 당황했지만, 일본군의 전력은 여전히 강했다. 평양성전투는 연합군과 일본군 모두에게 큰 피해를 입히며 치열하게 계속되었다. 9일, 일본군은 결국 평양성을 포기하고 후퇴한다. 7개월 만에 평양성을 되찾은 것이다.

2월 12일, 이 일기가 쓰인 날에는 행주산성에서 큰 승리를 거두었다. 전라감사 권율의 지휘 아래 병사들뿐 아니라 성 안의 일반 백성들까지 일치단결하여 총력전을 펼친 것이 주효했다.

十二日丁酉。朝陰晚晴。

三道一時曉發。直抵熊川熊浦。

則賊徒如昨。進退誘引。竟不出海。

兩度追逐。幷未捕滅。痛憤痛憤。

3일 아침에 비가 왔다. …
명나라 군사가 서울에 들어왔을까?
아직 소식을 듣지 못하였다.
말할 수 없이 걱정스럽다.
하루 내내 비만 내렸다.

한성 입성

평양성전투의 패배로 위기를 맞은 일본군은 남쪽으로 내려가기 시작했다. 잇따른 승리로 힘을 얻은 조선 조정은 후퇴하는 적을 격멸하라는 명령을 내렸지만, 숨 막히는 추격전은 벌어지지 않았다. 일본군은 별 피해를 입지 않고 한성까지 후퇴했다. 이후 일본군은 4월 18일 한성에서 철수하고 계속 남쪽으로 내려간다. 일본군이 철수한 후 명나라 군대가 한성에 입성했다. 이순신이 한성 소식을 궁금해하며 걱정하던 이 일기가 쓰이고 한참 뒤의 일이었다.

初三日戊午。朝雨。…

未聞唐兵之入京與否。

爲悶可言。終日雨雨。

3일 새벽에 맑다가 늦게 큰비가 쏟아졌다. …

느지막이 순찰사, 순변사, 병사, 방어사의

답장이 왔는데 다들 사정이 어려웠다.

각 도의 군사가 많아야 5,000을 못 넘고,

군량도 떨어져간다고 한다.

적은 날이 갈수록 독해지는데

일이 이 모양이니 어쩌면 좋을 것인가?

장마

5월 21일 시작된 비는 농사에 도움이 되는 고마운 비였다. 22일까지 비가 계속 내리면서 사람들의 마음을 흡족하게 해주었다. 그 뒤 날씨가 오락가락하더니 26일부터 본격적인 장마가 시작되었고, 6월 6일까지 이어졌다. 이때 이순신이 이끄는 연합 함대는 한 항구에 머물러 있지 않고 한산도 주변을 옮겨다니며 배를 대고 있었다. 24일에는 칠천량 어귀로 진을 옮겼는데, 26일 거센 비바람으로 배들이 서로 부딪쳐 부서질 뻔하자 유자도로 진영을 옮긴다.

특히 6월 3일의 일기로 보아, 배 곳곳에 비가 새어 앉을 만한 마른자리가 없을 정도로 상황이 심각하다는 것을 알 수 있다. 며칠 동안 몰아닥친 거센 장마로 배도, 사람도 녹초가 되었다. 하지만 이순신은 한시도 긴장을 늦추지 않고 전투 준비를 게을리하지 않았다.

初三日丙戌。曉晴。晚大雨。…
巡使, 巡邊使, 兵使, 防使答簡來, 則多有難事。
各道軍馬。多不過五千。而糧亦幾絶云。
賊徒肆毒日增。事事如此。奈何奈何。

4일 맑다.

흉악한 적들 수만여 명이

해안가에 늘어서서 세를 과시했다.

억울하고 분하다.

저녁에 걸망포로 물러나

진을 치고 밤을 보냈다.

2차 진주성전투

임진왜란 때 진주성에서는 두 차례의 큰 전투가 벌어졌다. 1592년 10월에 벌어
진 첫 번째 전투는 김시민이 이끄는 조선군이 일본군과의 치열한 공방전 끝에
승리했다. 이에 일본군은 1차 전투의 패배를 설욕하기 위해 1593년 6월 19일,
두 번째 공격을 감행한다. 25일쯤, 이순신은 진주성에서 전투가 벌어지고 있으
며, 장마로 인해 적들이 물에 막혀 아군이 유리하다는 희소식을 보고받는다.
그러나 실제 상황은 보고와는 달랐다. 관군과 의병이 힘을 모아 끝까지 맞서 싸
웠으나 일본군의 공격을 막아내지 못했다. 29일, 결국 진주성은 함락되고 만다.
이순신은 이 일기를 쓴 다음 날인 7월 5일 진주성의 함락 소식을 듣게 된다.

初四日丙辰。晴。

凶賊機萬餘頭, 列立揚示,

痛憤痛憤。

夕。退陣于乞望浦宿。

19일 맑다. …

순천 부사와 이영남이 와서 알려주었다.

"진주, 하동, 사천, 고성 등에 있던 적이

모두 물러났습니다."

저녁에 광양 현감이

진주에서 전사한 이들의 명단을 보내왔다.

가슴이 아파 참기 힘들었다.

짓밟히는 조선의 땅과 백성

진주성에서의 두 번째 전투는 임진왜란 최대의 격전이자 일본군의 잔혹한 복수
극이었다. 일본군은 진주성을 점령한 뒤, 성 안에 남아 있던 군사, 백성은 물론
가축들까지 모든 생명을 앗아갔다.

또한 일본군은 패잔병으로 후퇴하지 않았다. 곳곳에서 조선의 땅과 백성을 철저
히 짓밟았다. 이순신은 일본군의 무자비한 약탈과 살육에 통탄해했고, 일본군의
손에 목숨을 잃은 수많은 군사와 백성들을 생각하며 마음 아파했다.

十九日辛未。晴。…
順天李英男來傳。
晉州, 河東, 泗川, 固城等賊。已盡遁歸云。
夕。光陽送傳晉州被殺將士名錄。
見之不勝慘痛也。

3일 맑다. …

순찰사가 공문을 보냈다.

군사들의 친척까지 징발하는 일은

금한다고 적혀 있었다.

순찰사가 새로 부임해서

이곳 사정을 제대로 모른다.

병력 충원 갈등

병력 충원은 전쟁 시 군대를 형성하고 유지하는 데 중요한 역할을 하는 동시에 갈등을 일으키는 문제 요소이다. 조선 수군을 이끄는 이순신에게도 이는 큰 고민거리였다. 전투에서의 병력 손실은 어쩔 수 없다 하더라도 탈영 및 흉년과 전염병으로 인한 병력 손실까지 늘어나 병력 충원 문제가 가장 시급히 해결해야 할 중요 과제였다.

고심하던 이순신은 이 문제를 해결하기 위해 할 수 있는 모든 방법을 동원한다. 그중 하나가 수군이 도망칠 경우 친척을 대신 징발하는 것이었다. 이 방법은 조정의 반대에 부딪혀 몇 번이나 친척까지 대신 징발하지 말라는 명령이 내려왔다. 이에 승복할 수 없었던 이순신은 여러 번 명령을 취소해달라는 장계를 올렸다.

初三日甲寅。晴。…
巡察使關來到。
而凡軍士一族等事。一切勿侵云。
新到不察之事也。

1594년 갑오년

21일 맑다. …

저녁에 녹도 만호가 와서 보고했다.

"병들어 죽은 시체 214구를

거두어 묻었습니다."

기근과 전염병

조선 수군에 전염병이 발병해 큰 피해를 입혔다. 이순신이 맨 처음 전염병으로
인한 사망자 발생을 조정에 보고한 것은 1593년이었다. 그러나 그때는 초기 단
계여서 사태가 이렇게 악화될 줄 몰랐을 것이다.

전염병이 발생한 원인은 군량 부족과 오랜 기간 배 안에서의 집단생활이었다.
군량 부족으로 제대로 된 충분한 식사를 못한 군사들은 몸이 약해져 바이러스에
쉽게 감염될 수 있는 상태였다. 게다가 군사들이 장기간 좁은 배 안에서 함께 지
내다 보니 전염병은 더 빨리 퍼져나갔다. 군대뿐만 아니라 민간에서의 기근과
전염병 피해도 심각해져갔다.

二十一日庚子。晴。⋯

夕。鹿島萬戶來告病屍二百十四名收埋。

6일 맑다. … 늦게 거제로 향할 즈음 역풍이 불었다.

가까스로 흥도에 도착하니 남해 현감이 급히 알려왔다.

"명나라 군사 둘과 왜놈 여덟이 패문을 갖고 들어왔기에

패문과 명나라 병사를 올려보냅니다."

패문을 받아 살펴보니 명나라 도사부 담종인이

왜적 토벌을 금지하는 글이었다.

나는 몸이 몹시 좋지 않아 앉고 눕는 일조차

불편해졌다. 저녁에 우수사와 같이

명나라 병사를 만나보고 보내주었다.

이순신의 감염

우려했던 일이 벌어졌다. 이순신 자신도 전염병에 감염된 것이다. 이순신은 이날부터 27일까지 거의 20일 동안 몸이 많이 불편하였다. 처음 이삼 일은 몸이 조금 불편했다가 낫는 듯했으나, 그 뒤 거의 열흘 동안은 상태가 훨씬 나빠져 자리에 누워 종일 신음하였다. 다른 수군들에 비해 식사도 나았을 것이고, 9일 이후에는 따뜻한 곳으로 거처를 옮겼지만 건강은 쉽게 회복되지 않았다. 당시 그의 나이 50세. 아마도 고령이었던 탓이리라.

다행히 이순신은 회복되었지만, 가까이에서 이순신을 보좌하며 작전 참모 역할을 했던 어영담은 다음 달인 4월 9일 끝내 자리에서 일어나지 못하였다. 이순신은 그날 일기에 다음과 같은 글을 남겼다.

"어영담이 세상을 떠났다. 이 슬픔을 어떻게 말로 표현하겠는가?"

初六日甲申。晴。…

晚向巨濟。爲風所逆。

艱到閤島。則南海縣監馳報。

唐兵二人，倭奴八名。持牌文入來。故牌文及唐兵上使云。

取來看審。則唐譚都司禁討牌文。

余氣甚不平。坐臥不便。

暮與右水伯。同見唐兵而送。

13일 맑다.

순무어사가 전투하는 모습을 보고 싶어 했다.

죽도 바다 한가운데로 나가 훈련하였다.

해상 훈련

이순신의 전투 준비는 늘 철두철미했다. 그는 총통과 화약 등 여러 가지 화기를 준비하면서 해상에서의 군사 훈련도 병행했다. 해전에서 수십 척 이상의 배들이 바다 위에서 하나가 된 듯 질서 정연하게 흐트러짐 없이 움직이기 위해서는 해상 훈련이 필수이다. 이순신은 바다 위에서 진형을 갖추는 훈련, 이동하면서 진형을 빠르고 정확하게 변형하는 훈련 등을 주로 실시했다. 여러 지역의 함대를 모아 합동으로 전술 훈련을 하기도 했다.

이날은 순무어사의 특별한 요청에 의해 한산도 근처에 나가 훈련을 실시했다. 구체적인 훈련 내용은 알 수 없으나 진형을 이루는 연습을 중심으로 한 해상 훈련으로 짐작된다.

十三日辛酉。晴。

巡撫欲見習戰。

故出于竹島洋中。較習。

10일 비가 계속 왔다.

새벽에 일어나 창문을 열고 멀리 바라보니

우리 배들이 바다 가득히 깔려 있었다.

적이 쳐들어오더라도 모조리 쳐부술 만했다. …

빗발이 하루 종일 걷히지 않았다.

아들 회가 바다로 나간 일이 걱정스러웠다.

목표 250척

이순신이 적의 수군을 한 번에 쓸어버리기 위해 목표로 잡은 배의 숫자는 250척이다. 이순신은 삼도수군통제사로 임명되기 직전에, 조선 수군에게 250척의 배만 있으면 일본군을 물리칠 수 있다고 조정에 보고했다. 그러고는 각 지역에 목표량을 할당하여 배를 늘릴 계획에 착수한다. 이 계획이 성공한다면 일본 수군의 배 숫자에 상관없이 부산과 쓰시마 섬 사이의 해상로를 완전히 봉쇄할 수 있을 것으로 그는 확신했다.

하지만 목표량을 달성한 곳은 이순신이 속한 전라좌도뿐이었다. 3월 보고에 따르면 조선 수군이 보유한 배는 약 140척이다. 목표한 대로 배를 만들지는 못했지만 이순신은 이 계획을 중단하지 않았다. 1595년까지도 배를 만들 재목을 구해왔다는 기록이 여러 번 나온다.

初十日丁亥。雨雨。

曉起。開窓遠望。

則許多之船。擁滿一海。

賊雖來犯。可以殲滅矣。…

雨勢終日不收, 念豚薈出海。

4일 맑다. …

저녁에 겸사복이 임금의 명령을 받들어왔다.

"수군의 여러 장수와 경상도의 장수들이

서로 돕지 않고 있으나 오늘 이후로는

이전의 잘못을 모두 바꾸라"는 말씀이었다.

부끄럽고 안타깝기 그지없다.

이는 모두 원균이 술에 취해 저지른

고약한 짓 때문이다.

1594년 갑오년

이순신과 원균

이순신과 원균의 갈등과 악연은 훨씬 이전으로 거슬러 올라간다. 원균은 이순신보다 다섯 살 많았고, 10년이나 빨리 무과에 급제하였으며, 수군 요직을 두루 거친 화려한 경력을 자랑하던 대선배였다. 하지만 원래 원균이 차지해야 했을 전라좌수사 자리에 이순신이 임명되었고, 이순신은 전투에서 원균이 범한 실책을 조정에 조목조목 보고했다.

1차 출전에서는 부하를 잘못 관리하여 아군이 입은 피해를, 3차 출전에서는 일본군들을 공격하지 않고 꾸물댔다는 보고를 올렸다. 원균은 술주정을 심하게 부리거나 이순신의 명령에 따르지 않은 적도 많았다.

결국 이순신과 원균의 불화는 조정에까지 알려져 서로 화목하라는 지적을 받게 되었다. 이순신은 원균에 대한 자신의 감정을 직설적으로 나타냈다. 이날 일기에도 원균에 대한 이순신의 원망스러운 마음이 그대로 드러나 있다.

初四日辛亥。晴。…

夕兼司僕賚有旨來。

則其辭內曰, 舟師諸將不能相協。今後盡革前習云。

悚歎何極。

此乃元均醉妄之故也。

13일 비가 계속 내렸다.

아들 면의 병을 걱정하다

글자로 점을 쳐보았다.

'군왕을 만나보는 것과 같다'는 괘를 얻었다.

좋았다. …

유 정승의 점도 쳐보았다.

'바다에서 배를 얻는 것과 같다'는 괘를 얻었다. …

아주 좋았다.

점괘에 의지하다

계속 내리는 비는 이순신의 마음을 약하게 했던 모양이다. 이순신은 점을 쳐본
다. 아들, 유성룡이 대상이다. 다행히 점괘는 좋았다. 점괘에 좋아하는 이순신의
모습이 인간적으로 느껴지면서도, 점괘에라도 의지해야 하는 그 마음을 생각하
면 참 안타깝다.

十三日己丑。雨雨。

獨坐念慈兒病勢如何。擲字占之。

則卜得如郡王卦，極吉。…

又占柳相，卜得如海得船之卦，…

極吉極吉。─

3일 비가 살짝 내렸다. 새벽에 비밀 명령이 내려왔다.

"바다와 육지의 여러 장수가 팔짱만 끼고 서로 바라볼 뿐

하나라도 작은 계책을 내어 적을 치려하지 않는구나."

이런 말씀이었다.

3년 동안을 바다에서 지냈지만 그런 적은 없다. …

하루 종일 바람이 세게 불었다.

초저녁에 혼자 촛불을 켜고 앉아 생각에 잠겼다.

나랏일이 가물가물한데 안에서 헤쳐나갈

방책이 없으니 어찌해야 하나.

늘어가는 시름

왕은 싸우지 않는다고 이순신을 독촉하였다. 원균 또한 이순신이 머뭇거리며 나아가지 않는다고 조정에 보고하였다. 이순신을 천거한 유성룡마저 그의 신중함이 지나치다며 화를 내는 듯한 편지를 보내왔다.

이순신은 늘 조급하게 움직이지 않고 신중하게 생각하며 기회를 기다렸다. 웅크리고 있는 적들의 움직임을 살피며 경계하였다. 무기력하게 물러나 사태를 관망한 적은 결코 없었다고 스스로 되돌아보았다.

이 무렵 나랏일에 더하여 아내의 병세가 심하다는 소식까지 들려왔다. 이순신은 아프고 괴로웠지만 위태로운 나랏일 때문에 집안일에 대한 생각은 접을 수밖에 없었다. 이순신의 시름은 늘어만 갔다. 마음이 어지러워 밤늦게까지 잠을 이루지 못하였다.

初三日戊寅。雨。曉有密旨入來。

則水陸諸將拱手相望。不爲奮一策設一計進討云。

三年海上。萬無如是之理。…

終日大風。初昏。明燭獨坐。

自念國事顚沛。內無濟策。奈何奈何。

1일. 새벽에 출발하여 장문포에 이르렀다. …

곧장 영등포로 들어갔다.

그렇지만 흉악한 적들이 배를 바닷가에 매어두고

한 놈도 나와서 싸우려 하지 않았다.

해가 질 무렵 장문포 앞바다로 돌아와

사도의 2호선이 육지에 배를 대려 할 때였다.

적의 작은 배가 빠르게 다가와 불을 놓았다.

불이 나진 않았지만 화가 나고 속이 상했다.

장문포 수륙 합동 전투

당시 일본군은 이순신의 조선 수군을 철저히 피해 다녔다. 이 때문에 이순신은 일본 함대를 찾아 적극적인 공격을 하지 못했다. 이런 답답한 상황에서 수륙 합동 전투라는 해결책이 도출된다. 조선 육군이 육지에 있던 일본 수군을 바다로 몰아내면, 조선 수군이 이들을 공격하는 작전이었다. 수군만으로는 전투를 할 수 없는 상황에서 내린 어쩔 수 없는 결단이다.

수륙 합동 전투는 장문포(경남 거제시)에서 총 6일 동안 3회 시도되었다. 철저하게 준비된 작전이었고, 일본 함선을 격파하고 조선 수군의 피해도 없었지만, 당시 조정에서는 패전으로 규정했다. 이순신이 이끌었던 전투 중 가장 미미한 성과를 낸 전투로 기억되고 있다.

初一日乙巳。曉發行。到場門浦。…
直入永登浦。則兇賊等掛船水濱。一不出抗。
日暮還到長門浦前洋。則蛇渡二船掛陸之際。
賊小船直入投火火。雖未起而滅。極爲憤痛。

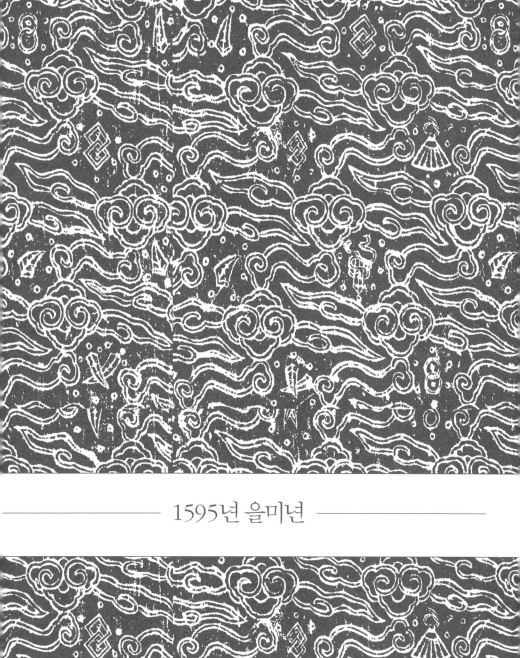

1595년 을미년

23일 맑다.

아침을 먹은 후 세 조방장, 우후와 함께

앞산 봉우리로 걸어 올라갔다.

앞을 바라보니 삼면이 훤히 트였고

북쪽으로 길이 나 있었다.

과녁을 설치하고 앉을 자리를 넓혔다.

하루 종일 돌아오고 싶은 마음이 들지 않았다.

이순신과 활쏘기

해가 바뀌어도 상황은 나아지지 않았다. 일본군은 조선 땅에서 물러가지 않으면서도 싸움은 계속 피하고 있었다. 조선을 침략한 지 3년이 넘도록 아무런 성과가 없자 도요토미 히데요시도 조급해졌다. 그가 더 많은 군사를 끌어모아 바다를 건너올 것이라는 보고가 올라오기도 했다. 3월 중순에는 한산도로 이동하던 배가 화재로 가라앉고 많은 군사가 목숨을 잃는 참사까지 일어났다.

마음이 심란한 이순신은 활쏘기를 하며 마음과 몸을 가다듬기로 한다. 이순신은 부상을 당했거나 출전하는 날 등을 빼고는 거의 매일 활을 쏘았다. 활쏘기는 작전 회의, 회식 등과 함께 장수들과의 소통 수단이나 군사 훈련 방법으로도 사용되었다. 이날은 과녁만 설치하였을 뿐 활을 쏘았다는 내용은 없다. 활쏘기로도 진정되지 않는 심란한 날이었을지도 모른다.

二十三日丙申。晴。

朝食後。與三助防將及虞候。步登前峯。

則三望無阻。眼通北路。

設帳地。廣開坐基。

終日忘返。

23일 맑다.

체찰사가 묵는 곳으로 가서

조용히 이야기를 나누었다.

체찰사는 백성의 고통을 없애려는 데

관심이 많았다. …

늦게 김응서와 함께 촉석루에 올라서

병사들이 싸우다 죽은 곳을 돌아보았다.

끔찍하고 마음이 아파서 참기 힘들었다.

이원익과 이순신

당시 체찰사는 이원익이었다. 이원익은 각 지역을 시찰하다가 이순신을 처음 만났고, 두 사람은 단번에 서로 마음이 통하였다. 이순신은 이원익의 백성을 위하는 마음에 감동을 받았고, 이원익은 이순신의 능력을 알아보고 가장 믿을 만한 장수로 인정했다. 이원익은 이순신을 아끼고 믿어주던 인물이었다. 이순신이 역적으로 몰렸을 때도 끝까지 이순신 편에 서서 옹호해주었다.

이순신과 이원익은 서로 주고받은 편지로도 유명하다. 이순신은 이원익에게 어머니를 만나고자 휴가를 신청하며, 어머니에 대한 절절한 효심을 담은 편지를 보냈다. 이에 이원익은 휴가를 허락하지 못하는 안타까운 마음을 담아 답장을 써 보냈다.

二十三日癸亥。晴。

往體察處。則從容言語間。多有爲民除疾之意。…

晚。余與金應瑞。同到矗石。閱其壯士敗亡處。

則不勝慘痛。

이순신의 편지

얼마 전 어머니의 편지를 받았습니다.
다른 사람이 받아쓴 편지였습니다.
"늙은 몸의 병이 나날이 심해지니
살날이 얼마나 남았겠느냐.
죽기 전에 네 얼굴을 다시 보고 싶다."
남이 이런 말을 들어도 눈시울이 시큰할 텐데,
하물며 어머니의 자식 된 이로서 어떻겠습니까.
이 글을 본 뒤로 심란하기만 하고
도통 다른 일에 관심이 가질 않습니다.

頃因家僮。代人寄書曰。

老病日甚。餘生無幾。願於未死。再見汝面。

嗚呼。使他人聞之。想欲淚下。況爲其子者乎。

自見此語。方寸益亂而更無關心之事也。

이원익의 답장

지극한 감정이야
그대나 나나 마찬가지입니다.
그대의 글은 사람의 마음을 감동시킵니다.
그렇지만 공무에 관계된 일이라
내 마음대로 가라, 마라
결정하기가 어렵습니다.

至情所發。彼我同然。

此書之來。令人心動。

第緣公義所係。

未敢率爾定奪也。

27일 맑다.

군사 5,480명에게 음식을 먹였다.

저녁에 산봉우리에 올라가

적진과 적이 오가는 길목을 살폈다.

바람이 무척 사나웠다.

군사들을 위로하다

이순신은 이원익이 수군을 시찰하러 왔을 때 군사들에게 특별 음식을 내주어 그동안의 노고를 위로하였다. 체찰사의 이름으로 군사들을 위로하는 잔치를 베푼것이다. 제대로 먹지도 못하고 전쟁터에 나가 싸운 군사들의 상황을 누구보다잘 알고 안타까워하였을 이순신이었다. 깜짝 음식 잔치에 모처럼 진영이 술렁거리며 활기가 돌았다. 군사들의 사기도 한껏 높아졌다.

1595년 가을에는 다행히 풍년이 들었다. 그로 인해 수군의 형편이 다소 나아졌다. 가을 이후 이순신은 수군의 전력을 더 끌어올리기 위해 노력했다. 다음 해 병신년에는 상황이 더욱 나아졌다. 그해에는 군사들을 위한 잔치가 몇 번 열렸다.

二十七日丁卯。晴。

軍士饋飯五千四百八十名。

夕到上峯。指點賊陣及賊路。

風勢甚險。

선거이를 보내며

북쪽에 가서 고생을 같이하더니
남쪽에 와서 생사를 함께 하였소
오늘 밤 달빛 아래 이 한 잔 술이면
내일은 이별의 아쉬움뿐이겠구려.

만남과 헤어짐이야 전쟁 때 수시로 벌어지는 일이지만, 이순신이 선거이와 나눈 이별은 특히 각별했다. 선거이가 오래 전부터 인연을 맺었던 동료 후배 장수였기 때문이다. 선거이는 이순신이 함경도에서 조산보 만호로 재직하던 시절, 여진족을 함께 물리쳤다. 이순신이 이일에게 밉보여 파직당했을 때 억울함을 나눴던 사이이기도 하다. 선거이는 권율과 함께 행주대첩을 승리로 이끌었던 뛰어난 장군이었다. 지는 싸움에 함부로 군사를 몰아넣지 않았다는 점에서 이순신과도 닮았다.

그런 그가 충청 수사로서 이순신을 돕다 황해 병사로 임명돼 멀리 떠나는 전날 (1595년 9월 14일)이었다. 이순신은 선거이와 밤늦도록 이별의 술잔을 기울이며 이 시를 그에게 전한다. 이순신은 이순신답게 건조한 어투로 웅숭깊은 섭섭함을 시를 통해 털어놓는다.

贈別宣水使

北去同勤苦。
南來共死生。
一杯今夜月。
明日別離情。

한산도에서 밤에 읊다

바닷가 가을빛도 저물어가고
기러기 떼 찬바람 가르며 높이 난다.
나랏일에 속 태우며 뒤척이는 밤
새벽달이 활과 칼을 차갑게 비추네.

차가운 분노가 느껴지는 시다. 확실치는 않지만, 대략 1595년 10월 20일 즈음에
썼을 거라고 추정된다. 이 당시 이순신은 답답했다. 바로 전 해인 1594년 말, 장
수들이 싸우지 않는다는 선조의 질책이 있은 뒤 거제도 장문포에서 전투가 벌어
졌다. 육군과 수군이 합동으로 왜성에 웅크린 적을 몰아내고자 한 작전이었다.
그렇지만 크게 성과를 거두지 못하였다.

그 뒤 전황은 지지부진이었다. 왜적을 다 몰아낸 것도 아니고, 강화회담이 체결
된 것도 아니고, 그렇다고 전쟁이라 할 수도 없는 상태. 이순신은 날아가는 기러
기 떼를 쫓아가듯 단숨에 날아가 남아 있는 왜적을 남김없이 몰아내고 싶었다.
그러나 바다에서 수군이 할 수 있는 역할은 제한돼 있었다. 달빛만 받고 있는 활
과 칼은 아마도 뒤척이는 이순신 자신이었으리라.

閑山島夜吟

水國秋光暮。
驚寒鴈陣高。
憂心輾轉夜。
殘月照弓刀。

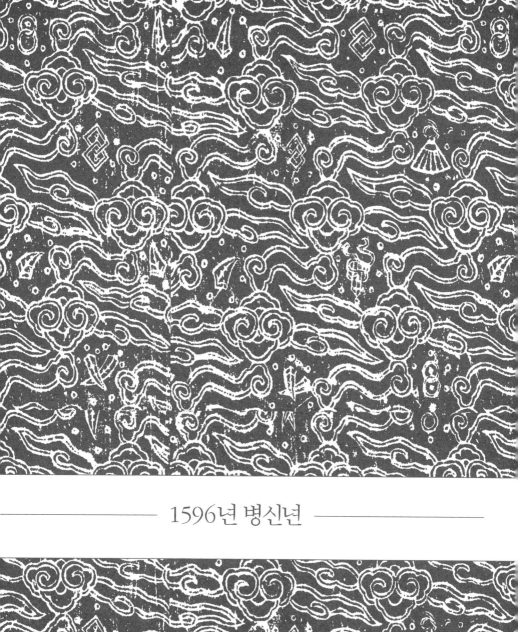

1596년 병신년

19일 맑다. …

아침에 남여문을 통해 도요토미 히데요시가

죽었다는 말을 들었다.

기뻐서 펄쩍 뛸 일이나 믿기 어려웠다.

이 소문은 진작부터 퍼졌는데

아직 확실한 소식이 오지 않았다.

일본군의 철군 소문

실제로 도요토미 히데요시가 죽은 날은 1598년 8월 18일이다. 그는 1598년 봄부터 병으로 자리에 누웠다가 일어나지 못하고 결국 죽는다.

그런데 도요토미 히데요시가 사망했다는 소문은 훨씬 이전부터 돌았다. 정보 수집을 중요하게 여겼던 이순신도 믿기 어려운 이 소문을 듣고 기쁜 속마음을 내비친다.

한편 도요토미 히데요시의 사망 소문과 함께 일본군의 선봉장 중 하나인 고니시 유키나가가 군사를 거두어 철군한다는 소문도 돌았다. 이는 이달 30일에 쓴 일기 내용으로 지방 관아에서 올라온 보고였다.

十九日乙卯。晴。…

朝因南汝文。聞秀吉之死。

忭躍不已。但未可信也。

此言曾播。而尚未的奇之來。

14일 맑다.

새벽에 광양 땅 두치에 갔더니

체찰사와 부사가 어제부터 와서 잤다고 한다.

뒤늦게 쫓아가서 진주 소촌의 찰방을 만나고

일찌감치 광양현에 도착했다.

지나온 곳이 온통 쑥대밭처럼 끔찍해서

차마 눈 뜨고 보기 어려웠다.

우선 배를 정비하는 일이라도 면제해주어

군사와 백성의 어려움을 풀어줘야겠다.

1 5 9 6 년 병 신 년

이순신의 백성을 위하는 마음

전쟁의 고통을 직접적으로 당하고 있는 사람들은 왕이나 조정의 신하들이 아니다. 조선의 백성들이다. 백성들은 하루아침에 삶의 터전에서 쫓겨나 곳곳을 떠돌았고, 일본군에게 처참하게 죽임을 당하거나 힘없이 끌려갔다.

이순신은 전쟁으로 고통받는 백성들의 생활을 안정시키는 정책을 펼쳤다. 백성들에게 양식과 물건을 나누어주거나, 떠도는 백성들을 불러모아 농사를 지을 수 있도록 했다. 일본군과 싸우면서도 백성을 구하고 안전하게 보호하는 것을 우선시하였다. 도주한 일본군이 피난 간 백성들에게 해를 입힐까 걱정해 퇴로를 열어주기도 했다. 백성을 위하는 이순신의 마음은 고스란히 백성들에게 전해져 그들로 하여금 이순신을 진심으로 믿고 따르게 하였다.

十四日戊寅。晴。

曉到豆峙。則體相與副使昨已到宿云。

追及點處。得逢召村察訪。早到光陽縣。

所經一境。蓬蒿滿目。慘不忍見。

姑除戰船之整。以舒軍民之勞。

22일 맑다.

늦게 병영에 도착해 원균을 만났다.

밤이 깊도록 이야기를 나누었다.

이순신의 파직

1596년 말부터 선조는 이순신의 능력에 계속 의심을 품고 그의 처벌에 대해 몇 번이나 입에 올렸다. 정유재란을 앞둔 결정적 순간, 이순신이 파직되고, 원균이 삼도수군통제사에 오른다. 왕명을 어겼다는 죄목이었다.

선조는 원균에 대한 긍정적인 평가만 귀담아듣고는, 그를 능력이 뛰어난 보기 드문 용장이라고 생각했다. 원균에 대한 검증 없는 선조의 과대평가는 이순신을 파직시키는 중대한 실책으로 이어졌다. 첩자를 이용한 일본의 이간질로 상황이 이순신에게 불리하게 돌아간 점도 있었다. 이러한 선조의 잘못된 판단과 선택은 임진왜란을 새로운 국면으로 몰아갔다.

二十二日丙戌。晴。

晚投兵營。與元相見。

向夜話。

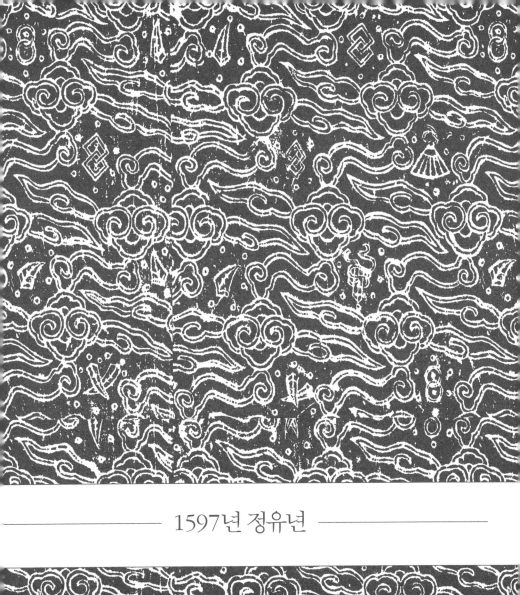

1597년 정유년

1일 맑다. 감옥을 나왔다.

숭례문 밖 윤간의 여종 집에 도착해

봉, 분, 울, 사행, 원경과 같이 방에 둘러앉아

오래도록 이야기를 나누었다.

지사 윤자신이 위로하러 왔다 가고,

비변랑 이순지도 보러 왔다.

점점 울적해지는 마음을 참기 힘들었다.

저녁 식사 뒤에 지사가 술을 갖고 다시 왔다. …

술에 취하여 온몸이 땀으로 흠뻑 젖었다.

백의종군 시작

1597년 1월 14일, 일본은 조선을 다시 침략했다. 하지만 조선 수군의 선봉에서 일본군을 막아야 할 이순신은 체포되어 서울로 끌려갔다. 이에 유성룡, 이원익, 정탁 등 많은 인물들이 이순신을 살리기 위해 백방으로 노력한 끝에 이날 아침, 이순신은 옥에 갇힌 지 28일 만에 풀려났다. 그리고 이날부터 다시 삼도수군통제사로 임명되는 8월 3일까지 이순신의 기나긴 백의종군이 시작된다.

옥에서 겨우 풀려난 첫날, 이순신을 위로하기 위해 많은 사람들이 다녀갔다. 이순신은 의연하게 이들을 맞이하고 같이 이야기를 나누었지만, 마음은 그리 편치 않았을 것이다. 그동안 힘들었던 그의 마음이 이날의 일기에 솔직하게 토로되어 있다.

初一日辛酉。晴。得出圓門。

到南門外尹生侃奴家。

則莘, 芬及蔚與士行, 遠卿同坐一室。話久。

尹知事自新來慰。備邊郎李純智來見。不勝增嗟。

知事歸。夕食後。佩酒更來。…

醉汗沾身。

9일 맑다.

동네 사람들이 저마다 술병을 들고 와서

멀리 떠나는 길을 위로했다.

차마 술을 거절하지 못하고

취하도록 마시고서야 헤어졌다.

홍군우와 이 별좌가 노래를 불러주었다.

들어도 즐겁지 않았다.

고향 땅을 지나며

4월 3일 아침 일찍 이순신은 남쪽으로 길을 떠나 수원, 과천을 거쳐 아산으로 향했다. 가는 곳마다 정성스런 대접을 받는데, 권하는 술을 거절하지 못하고 한 잔 두 잔 마시다가 취하기도 했다. 그러나 그는 풍성한 음식을 먹고, 흥겨운 노래를 듣고, 푹신한 잠자리에 들어도 마음이 편하지도, 즐겁지도 않았다.

4월 5일 아산의 고향 땅에 도착한다. 조상의 무덤은 두 번이나 들불이 나서 나무가 다 타고 말라비틀어져서 차마 볼 수 없을 지경이었다. 이순신은 그 앞에 엎드려 통곡하면서 한참 동안 일어나지 않았다.

初九日己巳。晴。

洞中各佩酒壺。慰遠行。

情不能拒。極醉而罷。

洪君遇唱。李別坐亦唱。

余則聞不樂而已。

13일 맑다. 일찍 아침을 먹은 후에

어머니를 맞이하려고 바닷가 가는 길로 나섰다. …

흥백의 집에 도착하고 얼마 뒤였다.

종 순화가 배에서 달려와 어머니의 죽음을 알렸다.

가슴을 치고 발을 동동 구르면서 밖으로 내달렸다.

하늘이 캄캄했다.

바로 해암으로 달려가니 배가 벌써 와 있었다.

길에서 바라보자니 가슴이 찢기는 듯 아팠지만

글로 다 쓰기가 힘들다.

어머니의 죽음

11일 새벽, 이순신은 불길한 꿈 때문에 잠을 설친다. 어머니를 생각하면 저절로 눈물이 흘러내렸다. 12일, 어머니가 무사히 안흥량에 도착하셨다는 편지를 받고 한시름 놓는 듯했으나 불길한 예감은 현실이 되고야 만다.

이날 이순신은 어머니가 타고 오시는 배를 마중하러 가던 중 슬픈 소식을 접하게 된다. 옥에 갇힌 아들을 보기 위해 먼 길을 마다하지 않았던 아흔이 다 된 어머니. 그 어머니가 배 안에서 세상을 떠난 것이다. 그는 어머니의 죽음에 망연자실한다.

이순신은 어머니의 마지막을 지키지 못한 불효자식이라며 스스로를 자책하고 또 자책했을 것이다. 이날의 그는 글을 쓰기조차 힘든 비통한 마음이었다.

十三日癸酉。晴。早食後。

往延事。出登海汀路。…

到興伯家。有頃。奴順花至自船中。

告天只訃。奔出擗踊。天日晦暗。

即奔去于蟹嚴。則船已至矣。

路望慟裂不可盡記。

17일 맑다.

금부도사가 거느린 서리 이수영이

공주에서 왔다.

빨리 가자고 길을 재촉하였다.

다시 길을 떠나는 이순신

비록 옥에서 풀려났으나 이순신은 죄인으로 백의종군하는 신세였다. 어머니가 돌아가셨는데도 금부도사의 재촉에 다시 떠나야 하는 상황이었다. 길을 재촉받은 이날의 일기에는 아무런 감정도 표출되어 있지 않다.

다음 날 하루 종일 비가 왔다. 기력이 다 빠진 데다 몸이 몹시 불편했던 이순신은 그저 빈소 앞에서 곡만 했다. 아버지의 임종도 곁에서 지키지 못하고 삼년상을 치렀던 이순신. 전쟁의 와중에 어머니마저 잃었다. 그는 슬픈 마음을 추스르지도 못한 채 이틀 후인 19일, 다시 길을 떠나게 된다. 길을 떠나기 전 이순신은 어머니의 영전에 인사를 올리고, 자신의 신세를 한탄하며 울부짖는다. 저녁에 또 비가 내렸다.

十七日丁丑。晴。

金吾書吏李壽永。自公州到來。

促行。

5일 맑다. 새벽 꿈이 무척 어지러웠다. …

늦게 충청 우후 원유남이 한산도에서 와서

원균의 여러 못된 짓을 말해주었다.

"진영의 장수와 병졸들이 그를 따르지 않아

앞으로 어떻게 될지 모르겠습니다."

오늘이 단오인데 멀리서 군대를 따라다녀야 하니

어머니 영전에 절도 못하고 마음대로 울지도 못한다.

무슨 죄를 지었기에 이런 앙갚음을 받는가? …

원균에 대한 증오

악연으로 시작된 원균과의 관계는 전혀 나아질 기미가 보이지 않는다. 원균 휘하의 장수들은 백의종군 중인 이순신을 찾아와 수군의 현재 상황과 함께 원균의 잘못을 말하며 하소연했다.

이순신을 대신하여 삼도수군통제사에 오른 원균은 자신의 역할을 제대로 해내지 못하고 있었다. 원균의 입장에서 보면 이순신을 믿고 따르는 장수들을 통솔해야 하는 어려운 상황이었다. 원균은 부하 장수들과의 소통에 실패하고 자기 마음대로 부하들을 휘두르면서 자멸의 길로 들어서게 된다.

이순신은 조선 수군의 통제사로서 처신을 잘못하고, 혼란을 야기하는 원균에 대한 불쾌한 감정과 증오를 숨기지 않는다.

初五日乙未。晴。曉夢甚煩。…

晚。忠淸虞候元裕男至自閑山。多傳元公之兇悖。

又道陣中將卒之離叛。勢將不測云云。

是日午節也。而遠來千里天涯。

從軍廢禮。哭泣亦未自意。

是何罪辜致此報耶。…

4일 맑다. …

개연으로* 걸어왔다.

천 길 기암절벽에 굽이져 흐르는 강물은 깊었다.

길이 있었으나 다니기에 몹시 위험했다.

이 험난한 곳을 지킨다면

만 명의 군사도 지나가기 어려울 것이다.

바로 모여곡이다.

* 경남 합천군의 개벼리교 부근에 있는 산으로 추정.

백의종군지 도착

이순신은 백의종군하는 동안 순천, 구례, 합천의 초계에 주로 머물렀다. 이순신은 이날 초계로 가는 길에서 기괴한 바위가 천 길이나 되는 험하고 위태로운 곳을 만났다. 바로 모여곡이다. 모여곡은 적을 막기 위한 천혜의 요새로서 이순신의 눈길을 끌었다. 백의종군의 와중에도 이순신의 머릿속은 적을 물리칠 계책으로 가득 차 있었다.

이순신은 이날 모여곡에 발을 들여놓은 뒤 거처할 방을 마련하였다. 그 후 칠천량해전의 패배 소식을 듣고 남해로 떠나기 전까지 이곳에서 지내게 된다. 거의 날마다 사람들이 찾아와 이야기를 나누고 갔다.

이순신이 모여곡에서 지내면서 그곳에서 나는 품질 좋은 숫돌로 칼을 갈기도 하고, 단단한 대나무로 화살촉을 만들었다는 이야기가 전해온다.

初四日癸亥。晴。…

介硯行來。

奇巖千丈。江水委曲且深。

路險棧危。

若扼此險。則萬夫難過矣。

毛汝谷。

18일 맑다.

새벽에 이덕필과 변흥달이 와서 전해주었다.

"16일 새벽 수군이 밤중에 기습을 당해서

통제사 원균과 전라우수사 이억기,

충청 수사 최호, 그리고 우리 장수 여럿이

죽거나 다치고 크게 패했다고 합니다."

울음이 터지는 것을 참을 수 없었다.

얼마 있다 도원수가 와서 말했다.

"일이 이렇게 되니 어떻게 해야 할지 모르겠소." ….

칠천량해전의 패배

이덕필과 변흥달이 전한 소식은 정유재란의 첫 번째 전투인 칠천량해전의 패전 소식이었다. 도원수 권율이 찾아왔을 때 이미 이순신은 패전 사실을 알고 있었다. 이 패배로 여러 해 동안 탄탄히 다져온 조선 수군의 전력이 하루아침에 사라져버렸다. 조선 수군, 아니 조선의 앞날이 어찌 될지 전혀 알 수 없는 절박한 상황이었다.

그러나 이순신은 무기력하게 울고만 있지 않았다. 그는 곧바로 남쪽 해안으로 이동해 패전 지역을 직접 둘러보았다. 이순신이 모습을 드러내자 칠천량해전에서 간신히 목숨을 구한 사람들이 엎드려 통곡했다. 그날 이순신은 새벽까지 잠을 이루지 못하였다.

十八日丁未。晴。

曉。李德弼，卞弘達來傳。

十六日曉。舟師夜驚。

統制使元均，與全右水使李億祺，忠清水使崔湖，

及諸將等，多數被害。舟師大敗云。

聞來不勝痛哭痛哭。

有頃。元帥到來曰。

事已至此。無可奈何。…。

3일 맑다.

이른 아침 뜻밖에 선전관 양호가

임금이 내린 교서와 유서를 가지고 왔다.

삼도통제사를 겸하라는 명령이었다.

절을 한 뒤 받았다는 글을 써서 봉해 올렸다.

바로 출발해 곧장 두치 가는 길로 들어섰다.

선조의 유서 내용

이날 받은 교서는 7월 23일에 쓰인, 이순신을 다시 삼도통제사에 임명한다는 교
서였다.

"지난번에 그대의 직책을 바꾸고 그대에게 죄를 씌워 백의종군시킨 것도 내 생
각이 바르지 않아서 그렇게 된 것이오. 그 결과 오늘의 이런 치욕스런 패전에 이
르게 됐으니, 더 이상 무슨 말을 하리오. 더 이상 무슨 말을 하리오!"

칠천량해전의 패배로 큰 충격을 받은 선조에게 이제 다른 선택은 남아 있지 않
았다. 선조는 이순신을 삼도수군통제사로 다시 임명하기로 결정하고 교서를 내
렸다. 교서에는 "상하언재(尙何言哉, 무슨 말을 하리오)"라는 구절이 두 번이나 나온
다. 이순신을 물러나게 한 것이 결국 조선 수군의 패전을 불러왔다는 선조의 한
탄이 담겨 있는 대목이다.

교서를 받은 이순신은 절을 한 뒤 "받았다"는 짧막한 글을 남겼다. 1593년 10월
삼도수군통제사로 첫 임명받았을 때 "놀랍고 황송하며 애타고 민망하다"는 극
진한 감사의 글을 조정에 올린 것과는 사뭇 대조적이다.

初三日辛酉。晴。

早朝。宣傳官梁護不意入來。賫敎諭書有旨。

則乃兼三道統制使之命。

肅拜後祗受書狀書封。

卽日發程。直由豆峙之路。

○일 지금 신에게는 아직도 12척의 배가 남아 있습니다.

죽을힘을 다해서 막고 싸운다면 이길 수 있습니다.

이제 만약 수군을 모두 없애려 하면

적들이 다행이라 여기며 충청도를 거쳐

한강에 다다를 것이옵니다.

신은 이것이 두렵습니다.

배가 비록 적으나 미천한 신은 죽지 않았습니다.

적이 감히 저를 업신여기지 못할 것이옵니다.

- 「행록」, 이분(이순신의 조카)

12척의 배

다시 삼도수군통제사의 자리에 오른 이순신에게 일본군과 싸울 배는 12척밖에 남아 있지 않았다. 조선 수군의 상황은 열악했고, 모든 것을 되돌리기에는 이미 늦은 듯했다. 8월 15일, 이순신은 보성에서 선조가 보낸 선전관 박천봉을 만난다. 박천봉의 손에는 이순신에게 보내는 선조의 편지 한 통이 들려 있었다. 그 편지에는 지난 해전에서 패한 결과로 인해 해전이 불가능할 경우, 육지에 올라 도원수를 도우라는 내용이 쓰여 있었다.

편지를 읽은 이순신은 선조에게 올릴 장계를 거침없이 써 내려갔다.

"신에게는 아직도 12척의 배가 남아 있습니다."

절대로 수군을 포기할 수 없다는 확고한 뜻을 담은 장계였다.

이순신은 조선이 수군을 포기하는 것은 일본군이 가장 바라는 일이며, 이는 전쟁의 승패를 가르는 것임을 정확히 꿰뚫어보고 있었던 것이다.

今臣戰船尙有十二。

出死力拒戰。則猶可爲也。

今若全廢舟師。則是賊之所以爲幸。

而由湖右達於漢水。此臣之所恐也。

戰船雖寡。微臣不死。則賊不敢侮我矣。

－「行錄」，李芬

21일 맑다.

새벽 2시 즈음 배가 아프고 설사가 났다.

몸에 찬 기운이 든 것으로 여겨

소주를 마셔 다스리려 했다.

정신을 잃어 깨어나지 못할 뻔했다.

10여 차례나 토하고 밤새도록 앓았다.

조선의 운명을 짊어진 사내

이순신은 이날 곽란이 일어난 뒤 사흘 동안을 내내 앓았다. 8월 24일에야 겨우
몸을 추스른 그는 함대를 어란포로 이동시킨다.

천하의 이순신에게도 시시각각 다가오는 결전의 시간은 큰 부담이었을 것이다.
아무리 조선 수군에게 힘겨운 싸움이더라도, 만약 싸움에서 패한다면 그 책임은
자신이 고스란히 떠안아야 할 것이었다. 이런 부담은 스트레스로 이어져 이순신
의 건강에 직접적인 영향을 미쳤다.

현대 의학에서는 이를 극심한 신체적 과로와 정신적 압박에서 비롯된 신경성 위
장병으로 진단한다. 이순신은 토사곽란 증세로 힘을 못 쓰고 자리에 앓아눕는
날이 많아졌다. 열악한 상황에서 최후의 결전을 준비하는 조선 수군에게 이순신
의 건강 악화는 또 다른 난관이었을 것이다.

二十一日己卯。晴。

四更。得霍亂。

而慮觸冷。飲燒酒調治。

則不省人事。幾至不救。

嘔吐十餘度。達夜苦痛。

28일 맑다.

새벽 6시쯤 적선 여덟 척이 갑자기 들이닥쳤다.

여러 배들이 겁을 집어먹고 도망치려 했다.

나는 흔들리는 기색 없이

깃발을 휘둘러 추격을 명령했다.

우리 배들이 거스르지 못하고 단숨에 적선을 쫓아

영암 땅 갈두까지 나아갔다.

적선이 멀리 달아났기에 끝까지 쫓지는 않았다.

겁먹은 군사들

이순신이 제자리로 돌아왔지만 조선 수군의 위력까지 제자리로 돌아온 것은 아니었다. 칠천량해전의 패배로 사기가 꺾일 대로 꺾인 군사들은 일본 수군을 보자 지레 겁부터 집어먹었다. 일본군에 훨씬 못 미치는 배의 수, 무기의 열세 등은 군사들을 두려움에 떨게 하기에 충분했다. 조선 수군의 재건은 요원해 보였다. 일본군에 대한 복수 의지를 불태우며 결사 항전의 자세를 갖춘 것은 이순신뿐이었을지도 모른다.

남은 배가 12척이라는 현실보다 겁먹은 군사들의 표정이 이순신에게는 더 힘든 상황이었을 것이다. 겁먹은 군사들이 도망가려는 것을 보면서도 이순신은 흔들리지 않고, 엄하게 명령을 내리며 군사들을 지휘했다.

二十八日丙戌。晴。

卯時。賊船八隻。不意突入。

諸船似有㥘退之計。

余不爲動色。令角指麾追之。

則諸船不能回避。一時逐至葛頭。

賊船遠遁。不爲窮追。

2일 맑다.

새벽에 배설이 도망쳤다.

아! 배설

배설은 임진왜란 최고의 문제적 인물이다. 경상우수사 배설은 조선의 운명이 걸린 전투를 앞두고 탈영하는, 믿을 수 없는 사건을 일으켰다.

배설은 칠천량해전 때 배 10여 척을 이끌고 유일하게 탈출에 성공한 인물이다. 그 배들은 조선 수군에 남아 있는 마지막 전선이었다. 그 후 배설은 이순신을 만났을 때 자신의 책임은 전혀 언급하지 않고, 패전의 책임을 오로지 원균에게로 돌렸었다.

배설은 병을 이유로 잠시 시간을 얻어 육지로 내린 뒤 도주한다. 수많은 부하들을 통솔해야 할 경상우수영의 최고 지휘관이 군인으로서의 임무를 잊고 자신의 지위까지 버리고 탈영한 것이다. 이것은 그만큼 조선 수군의 상황이 최악이었다는 것을 의미한다. 이런 상황에서도 이순신은 싸움을 포기하거나 좌절하지 않았다.

初二日庚寅。晴。

是晓。裹楔逃去。

8일 맑다. 적선이 오지 않았다.

여러 장수를 불러 대책을 의논하였다.

우수사 김억추는 한낱 만호 직이나

어울리겠기에 대장을 맡길 수 없다.

좌의정 김응남 대감이 친분이 두텁다 하여

제멋대로 임명해 보냈다.

이래서야 조정에 사람이 있다고 할 수 있을까?

때를 못 만난 것이 슬프고 아쉬울 뿐이다.

이순신의 불만

처음 부임했을 때부터 전라우수사 김억추는 이순신의 눈살을 찌푸리게 했다. 지난 8월 전라우수사가 된 김억추가 배와 결꾼, 무기 등 싸울 준비를 제대로 갖추지 않은 채 몸만 왔기 때문이다. 그 후 김억추는 전날 적의 기습과 그에 대한 대책을 논의하는 작전 회의 때에도 이순신의 마음에 전혀 들지 못한 듯하다.

김억추는 좌의정과의 친분으로 전라우수사의 자리에 오른 인물이다. 나라가 위급한 이때 한 나라의 고위 관직자인 좌의정이 사사로이 사령관급을 내려보낸 것이다. 김억추로 인해 낙하산 인사에 대한 이순신의 불만은 극에 달했고, 조선 조정의 불합리한 인사 조처에 크게 한탄한다.

初八日丙申。晴。

賊船不來。招諸將論策。

右水使金億秋。粗合一萬戶。不可授以閫任。

左台金應南。以其厚情。冒除以送。

可謂朝廷有人乎。只恨時之不遭也。

11일 흐리고 비가 올 것 같다.

혼자 배 위에 앉아

어머니를 그리워하며 눈물을 흘렸다.

이 세상에 나 같은 이가 어디에 또 있으랴.

아들 회가 내 심정을 알아채고

무척 언짢아했다.

아버지와 아들

비가 올 것 같은 흐린 날, 이순신은 세상을 떠난 어머니를 그리며 눈물을 흘린
다. 자신 때문에 어머니가 돌아가셨다는 생각에 그의 마음은 괴롭기만 하다. 아
버지의 마음을 알아차린 큰아들 회의 마음도 아팠다.

임진왜란 내내 아버지를 따라 여러 전투에 참가하고, 아버지의 곁을 지키며 보
살핀 아들이었다. 조선 수군을 이끄는 막중한 책임을 어깨에 짊어진 아버지였
다. 이런 아버지 옆에서 모든 것을 직접 보고 겪은 회이기에 그 누구보다 아버지
의 괴로운 마음을 잘 알 수 있었을 것이다. 회는 이순신의 심중을 그대로 느끼고
마음으로 이해하는 유일한 존재였으리라.

이튿날에도 종일 비가 내렸고, 이순신은 전날에 이어 울적한 마음을 떨쳐내지
못한다.

十一日己亥。陰而有雨徵。

獨坐船上。懷戀淚下。

天地間，安有如吾者乎。

豚薈知吾情甚不平。

15일 맑다. …

여러 장수들을 불러모아 약속을 다졌다.

"병법에서 이르기를 죽으려 하면 살고,

살려고 하면 죽는다고 했다.

또 한 사람이 길목을 지키면

1,000명도 두렵게 할 수 있다고 했다.

바로 오늘, 우리를 두고 한 말이다.

너희 장수들이 조금이라도 명령을 어긴다면

즉시 군율에 따라 작은 일이라도 용서치 않겠다."

여러 번 엄하게 다짐했다.

명량대첩 전날

9월 15일은 명량대첩 하루 전날이었다. 이순신은 좁은 명량(울돌목)을 등지고 싸울 수 없다는 판단에 진을 옮긴다. 그러고는 부하 장수들을 불러모았다. 이순신은 조선의 수군들에게 칠천량해전의 쓰라린 패배의 기억이 여전히 남아 있음을 알고 있었다. 그들은 패전에 대한 트라우마로 일본군을 두려워하고 있었다. 군사들은 물론 부하 장수들까지 전투에서 지고 죽을지도 모른다는 절망감과 공포에 휩싸여 있었다.

이순신은 오기(吳起)의 병법서인 『오자병법』을 인용해 부하들의 정신을 무장시키는 데 주력한다. 잔뜩 긴장한 부하들을 다독이기도 하고, 엄하게 다짐하기도 했다. 이렇듯 이순신은 죽을 각오로 싸울 것을 호소하면서도, 살 수도 있다는 희망을 불어넣으며 명량대첩에 대비한다.

十五日癸卯。晴。…

招集諸將約束曰。

兵法云。必死則生。必生則死。

又曰。一夫當逕。足懼千夫。今我之謂矣。

爾各諸將。勿以生爲心。小有違令。

即當軍律。小不可饒貸。

再三嚴約。

16일 맑다. ⋯ 지자포, 현자포를 쏘자

그 소리가 산과 바다를 뒤흔들었고,

쏘아댄 화살이 빗발처럼 떨어졌다.

적선 30척을 깨뜨리니 적선이 도망쳐서

다시는 우리 수군 가까이 접근하지 못했다.

싸움하던 바다에 머무르고 싶었지만 물살이 몹시

험하고 바람도 거꾸로 불었다. 우리 편의 형세가

외롭고도 위태로워 당사도*로 배를 물려 밤을 지냈다.

이번 일은 정말 하늘이 도왔다.

* 전남 무안군

1597년 정유년

명량대첩

명량대첩은 현대에도 논란이 많은 전투이다. 전투의 전개 과정이나 전투가 벌어진 위치, 병력의 규모 외에도 많은 것들이 미스터리로 남아 있기 때문이다.

고작 13척을 앞세운 조선 수군이 133척에 달하는 거대한 일본 함대에 맞서서 거둔 믿을 수 없는 대승리. 아무리 뛰어난 전략을 썼다고 해도, 죽을힘으로 맞섰다고 해도 일반적인 상식으로는 도저히 불가능한 승리이다. 무엇이든 설득력 있는 이유를 찾아 제시해야 한다. 그렇지 않으면 도저히 이해가 되지 않는다.

지금도 수많은 논란을 불러일으키고 있는 명량대첩. 그만큼이나 극적인 기적 같은 승리였다. 이순신 스스로도 하늘이 도왔다고 표현했을 정도다.

十六日甲辰。晴。⋯

各放地玄字。射矢如雨。聲震河岳。射矢如雨。

賊船三十隻撞破。賊船避退。更不近我舟師。

欲迫戰海。則水勢極險。風且逆吹。

勢亦孤危。移迫唐笥島經夜。

此實天幸。

7일 바람이 고르지 않고 비가 오다 개다 했다.

호남 안팎에 적의 자취가

완전히 사라졌다고 한다.

명량대첩의 결과

호남 안팎에 적의 자취가 사라진 것, 이것이 명량대첩의 직접적인 결과이다. 이
전투에서 패배한 일본 수군은 조선 수군과 서로 마주보는 위치에서 한동안 대치
했다. 그 후 명량 해협을 따라 후퇴해 영남 남해안의 근거지로 돌아간다. 이날 이
순신은 호남 일대에서 일본군이 모두 물러갔다는 소식을 들었다.

이순신은 이 명량대첩의 승리로 땅에 떨어졌던 사기를 회복하고, 조선 수군의
건재함을 널리 알렸다. 압도적인 수적 열세와 열악한 전력을 극복한 조선 수군
은 일본 수군의 서해 진출을 완벽히 차단했다. 작지만 강했던 조선 수군의 승리
는 전쟁의 흐름을 뒤집었다.

初七日甲子。風不順。或雨或晴。
聞湖南內外俱無賊船形。

14일 맑다. …

저녁에 천안에서 온 어떤 이가

집에서 보낸 편지를 전해주는데 봉투를 열기도 전에

온몸이 떨리고 정신이 흐릿했다.

거칠게 겉봉을 뜯고 열(둘째 아들)이 쓴 글씨를 보니

겉면에 '통곡' 두 글자가 쓰여 있었다.

면(막내아들)이 적과 싸우다 죽었다는 걸 알고

간담이 내려앉는 줄도 모르고 목 놓아 울었다.

하늘이 어찌 이렇게도 어질지 않는가.

간담이 타고 찢어지는 것 같다.

내가 죽고 네가 사는 것이 이치에 마땅한데,

네가 죽고 내가 살았으니

이처럼 어긋난 이치가 어디 있는가.

천지가 깜깜하고 해조차 빛이 변했구나.

슬프다. 내 아들아!

나를 버리고 어디로 갔느냐.

재주가 남보다 뛰어나 하늘이 데려간 것이냐.

내가 지은 죄 때문에 화가 네 몸에 미친 것이냐.

1597년 정유년

이제 내가 세상에 살면서 누구에게 의지할 것이냐.

너를 따라 죽어

지하에서 같이 지내며 같이 울고 싶지만,

네 형과 네 누이, 네 엄마도 의지할 데가 없다.

아직은 참고 목숨을 이어갈 수밖에 없구나.

마음은 죽고 껍데기만 남아 울부짖을 따름이다.

하룻밤이 1년 같구나.

밤 10시쯤 비가 내렸다.

아들 면의 죽음

어떤 종류건 승리란 대개 기쁨을 안겨준다. 그러나 자식의 죽음 앞에서는 승리의 기쁨은 아무 소용이 없다. 시대가 다르고 상황이 다르더라도 마찬가지다. 늘 나라를 위하고 백성을 먼저 생각했던 장수 이순신도 자식의 죽음 앞에서는 그저 평범한 한 아버지일 뿐이다.

이순신은 유독 막내아들 면을 사랑했다. 면은 이순신을 닮은 속 깊고 영특한 아들이었다. 그 아들이 고향 아산과 가족을 지키다가 일본군의 손에 목숨을 잃었다. 면의 나이 고작 21세였다. 명량에서 일본군을 대파한 지 한 달이 채 지나지 않은 무렵이었다.

절절한 울음이 터져나온다. 자식의 죽음 앞에서 따라 죽지 못함을 비통해한다. 극도의 상실감에 넋을 놓는다. 아들의 죽음은 그 무엇으로도 보상받을 수 없는 슬픔과 절망 그 자체였다.

十四日辛未。晴。…

夕。有人自天安來傳家書。未開封。骨肉先動。心氣慌亂。

粗展初封。見筬書則外面書痛哭二字。知菽戰死。不覺墮膽失聲。痛哭痛哭。

天何不仁之如是耶。我死汝生。理之常也。汝死我生。何理之乖也。天地昏

黑。白日變色。

哀我小子。棄我何歸。英氣脫凡。天不留世耶。余之造罪。禍及汝身耶。

今我在世。竟將何依。欲死從汝。地下同勢同哭。汝兄汝妹汝母。亦無所依。

姑忍延命。心死形存。號慟而已。度夜如年。是二更雨作。

16일 맑다.

우수사와 미조항 첨사를 해남으로 보냈다.

해남 현감도 보냈다.

내일이면 막내아들의 죽음을 들은 지

나흘째가 된다.

나는 마음 놓고 울어보지도 못했다.

혼자 울다

막내아들의 비보를 접한 지 사흘째 되던 날, 이순신은 영내에 있는 강막지의 집을 빌려 홀로 머물렀다. 울고 싶어도 마음 놓고 울지 못했던 자신의 직책이나 상황 따위 모두 내려놓았다. 그 시간만큼은 사랑하고 아끼던 자식을 잃은 한 아버지로서의 이순신이었다. 아무 생각도 할 수 없는 아득한 시간. 자신을 잊고, 나라를 잊고 울고 또 운다.

그 후 이순신 앞에 포로로 잡혀온 일본군 가운데 아들 면을 죽인 자가 있었다. 이순신의 가슴은 다시 슬픔과 분노로 끓어올랐다. 이순신은 아들의 목숨을 빼앗은 일본군을 죽여 아들을 위로한다. 아들을 죽인 대가를 분명히 치르게 한 것이다.

十六日癸酉。晴。

右水使及彌助項僉使送于海南。

海南倅亦送。

杀以明日。乃末子聞喪第四日。

不能任情痛哭。

29일 맑다.

새벽 2시에 첫 나팔을 불어 목포를 향해 배를 띄웠다.

비와 우박이 섞여 내리고 동풍이 살짝 불었다.

목포에 도착하고 보화도로 옮겨 배를 댔는데,

서북풍을 막을 만하고 배를 숨기기에도 딱 알맞았다.

뭍에 내려 섬 안을 돌아보니

지형이 여러모로 좋았다.

진을 치고 집 지을 계획을 세웠다.

보화도 진영

명량대첩은 불안한 승리였다. 명량대첩의 역사적인 의미는 대단했지만 실제 전투에서 이룬 성과는 그다지 크지 않았다. 불과 두세 시간 동안 계속된 전투에서 31척의 일본 군선을 부순 것이 전부였다. 전투가 진행될 때 일본군의 주력 함대는 명량 해협에서 대기한 상태였다. 일본군은 훗날을 기약하고 일단 후퇴했을 뿐이다.

조선 수군은 지금의 목포 앞바다에 있는 보화도로 진영을 옮긴다. 보화도는 뒤쪽에 바람을 막을 수 있는 산이 있고, 배를 대기에 좋았으며, 군수 물자를 운반하기에 편리한 길목에 있었다. 이순신은 보화도에 도착하자마자 이곳을 겨울을 날 장소로 정한다.

二十九日丙戌。晴。

四更初吹。發船向木浦。

已雨雹交下。東風微吹。

到木浦。移泊于寶花島。

則西北風似阻。甚合藏船。

故下陸巡見島內。則多有形勢。

欲爲留陣造家之計。

1일 비가 계속 왔다. …

오후 2시쯤 비가 그쳤으나 북풍이 세게 불어

배에 탄 사람들이 추위 때문에 괴로워했다.

선실에 앉아 웅크리고 있었다.

마음이 불안해서 하루가 1년 같았다.

이 슬픔과 괴로움을 어찌 말로 할 수 있는가.

저녁에 북풍이 크게 불어 밤새도록 배가 흔들렸다.

사람이 편히 쉴 수 없었다. 땀이 흘러 온몸을 적셨다.

보화도에서의 월동

보화도에서의 월동은 그리 순탄치 않았다. 심한 추위 때문이었다. 추위를 견뎌야 할 군사들이 안쓰러웠지만 이순신에게 추위는 큰 문제가 되지 않았다. 불안한 마음을 견디는 것이 고통스러울 뿐이었다.

1597년 정유년은 이순신에게 가장 힘들고 아픈 한 해였을 것이다. 파직되어 체포된 뒤 옥에서 고초를 겪었고, 옥에서 나오자마자 어머니를 잃었으며, 역사적인 명량대첩 승리의 기쁨도 잠시, 막내아들 면을 잃었다. 이순신은 정유년의 마지막 시간을 보화도의 통제영에서 외롭고 쓸쓸하게 보내고 있었다. 정유년이 저물어가고 있었다.

初一日戊子。雨雨。…
未時雨則霽。而北風大吹。
舟人寒苦。余縮坐船房。
心思極惡。度日如年。
悲慟可言可言。
夕北風大吹。達夜搖舟。
人不敢自定。汗發沾身。

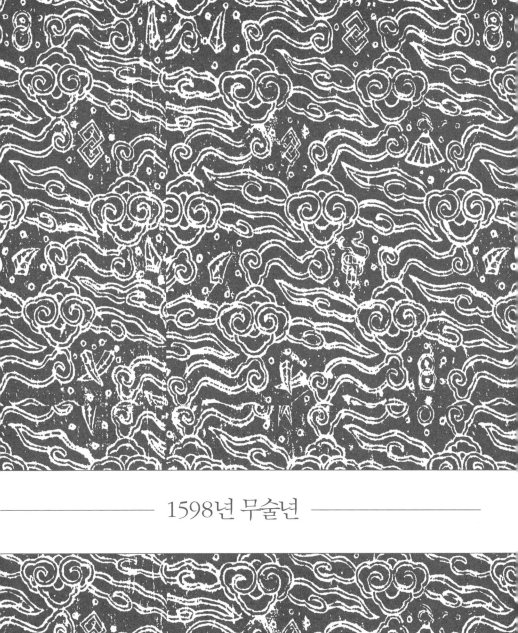

1598년 무술년

19일 맑다.

아침에 좌수영 앞바다로 옮겨 정박하니

눈앞에 보이는 것들이 슬프고 가슴이 아팠다.

자정에 달빛을 받으며 하개도로 배를 옮겼다.

날이 새기 전에 군사를 움직였다.

이순신과 달

이순신은 유난히 달에 약했다. 달이 뜬 밤에는 자신의 감정을 어찌할 줄 몰라했다. 달 밝은 깊은 밤이면 이순신은 이런저런 걱정과 생각에 잠겨 잠을 이루지 못했다. 그런 날에는 혼자 수루에 올라 바다를 바라보았다. 위태로운 나라의 운명을 생각하며 슬프고 아픈 마음을 시조로 읊었다. 희미한 달빛이 수루에 비치면 마음이 더욱 어지러워졌다. 그런 날에는 퉁소와 거문고를 연주하게 하여 수군들과 함께 들었다. 음악에 푹 빠져 달밤의 아름다움을 즐겼다. 이날의 일기처럼 달빛을 받으며 배를 옮기기도 했다.

달과 함께하는 이순신은 일기에 많이 등장하는 익숙한 이미지이다. 인간적이기도 하고, 예술적이기도 하다. 달이 이순신의 감성을 자극한 점은 분명하다.

十九日辛丑。晴。

朝。移泊左水營前洋。則所見慘然。

三更。乘月移泊于何介島。

未明行師。

30일 맑다.

이날 저녁에 명나라의 유격 왕원주,

유격 복승, 파총 이천상이

100여 척의 배를 거느리고 우리 진에 도착했다.

번쩍거리는 불빛에

적의 무리들은 간담이 떨어졌을 것이다.

마지막 싸움을 앞두고

8월 18일 마침내 도요토미 히데요시가 죽었다. 그는 죽으면서 조선에서 철군할 것을 명령했다. 조선에 있는 일본 장수들은 11월 중순까지 강화 조약을 맺고 귀국하라는 지시를 받았다.

7년 동안 계속되고 있는 전쟁의 막바지. 이날 명나라 도독 진린 휘하의 장수들이 이순신의 진영에 합류한다.

9월 10일, 이순신은 적의 기세가 크게 꺾여 두려워하는 모습이 보였다는 기록을 남겼다. 이날도 이순신은 적을 이 땅에서 몰아내겠다는 자신감에 충만해 있었다. 단 한 척의 배도, 단 한 명의 적도 살려 보내지 않겠다는 굳은 마음 그대로였다. 한 치의 흔들림도 없이 자신의 책임과 의무를 다하였다.

三十日壬子。晴。

是夕。王游擊，福游擊，李把摠率百餘船到陣。

燈燭炫煌。賊徒必破膽。

진영에서 읊다 3

바닷가에 가을바람 이는 밤
쓸쓸히 혼자 앉아 두려워하네
어느 때나 태평한 시절 되돌아올까
지금은 그저 큰 난리 겪고 있는 때
업적은 쌓아도 천 사람이 깎아내리고
이름은 온 세상이 알아줘도 부질없네
변방의 걱정거리가 진정된다면
나도 고향에 "돌아왔노라" 노래 부르리.

긴 설명이 필요 없는 시다. 핵심은 마지막 두 연에 담겨 있다.

왜적을 다 몰아낸다면 공적이나 명예도 다 털어버리고 은거해서 살고 싶다는 의지. "돌아왔노라"라고 번역한 부분은 도연명의 「귀거래사(歸去來辭)」를 뜻하는데, 벼슬을 털어버리고 자연에 묻혀 사는 즐거움을 표현한 유명한 시다. 이순신은 그 「귀거래사」를 간절히 읊고 싶어 했다. 그러나 읊지 못했다.

시가 쓰여진 때를 정확하게 짚긴 어렵지만, 명나라 수군 도독인 진린을 만난 이후에 쓴 것으로 보인다. 시에 쓰인 '위(危)', '시(時)', '지(知)', '사(辭)'라는 네 자의 운이 진린과 시를 주고받을 때 나왔기 때문이다. 진린의 수군이 이순신과 합류한 때는 1598년 7월 16일로, 이순신이 노량해전에서 숨지기 대략 4개월 전이다.

陳中吟三

水國秋風夜。

愀然獨坐危。

太平復何日。

大亂屬茲時。

業是千人貶。

名猶四海知。

邊憂如可定。

應賦去來辭。

6일 맑으나 서북풍이 세게 불었다.

도원수가 군관을 보내어 편지로 알렸다.

"유 제독이 달아나려고 합니다."

속상하고 억울하고 괴로웠다.

나랏일이 앞으로 어떻게 될 것인가!

명나라 육군의 정책

명나라는 그저 남의 나라 전쟁에 참가한 제삼자에 불과했다. 큰 피해를 입으며 전쟁을 계속할 필요가 없었다. 일본군을 힘으로 몰아내든, 강화 조약을 맺든 방법은 상관없었다. 하지만 강화 협상은 생각대로 잘 진행되지 않았다. 일본군을 힘으로 제압하는 수밖에 없었다.

명나라와 조선은 사로병진 작전으로 수륙 협공을 펼치기로 한다. 셋으로 나눈 육군이 일본군을 바다로 밀어붙이면, 수군이 일본군을 제압한다는 작전이었다. 그런데 서로군의 유정이 중로군의 대패를 핑계로 퇴각한 것이다. 결국 조선과 명나라 연합군의 최후 공세는 실패로 끝난다. 이 작전이 진행될 무렵, 적의 최고 사령관 도요토미 히데요시는 이미 죽은 뒤였다. 가만히 있어도 전쟁은 곧 끝날 텐데, 명나라는 굳이 열심히 싸울 필요가 없었을 것이다.

初六日戊午。晴。西風大吹。

都元帥送軍官致書曰。

劉提督欲爲奔退云。

痛憤痛憤。

國事將至如何。

16일.

도독이 진문동을 왜적 진영에 들여보냈다.

잠시 뒤 왜선 세 척이

말 한 필과 창, 칼 따위를 가져와

도독에게 바쳤다.

진린과의 언쟁

노량해전을 며칠 앞둔 이날, 이순신은 명나라 장군 진린과 목소리를 높여 다툰다. 진린이 예교성의 봉쇄를 푼 후 남해의 일본군을 공격하려 했기 때문이다. 진린은 고니시 유키나가가 이끄는 일본군의 퇴로를 열어줄 생각이었다. 진린의 의도를 알아챈 이순신은 남해에 일본군에게 포로로 잡힌 조선 백성이 많다는 이유를 들어 진린의 전략을 강력하게 반대했다.

진린은 자신의 뜻을 굽히지 않았지만 이순신 또한 물러서지 않았다. 이순신은 한 번 죽는 것은 아깝지 않으며, 대장이 되어 결코 적을 버려두고 백성을 죽일 수 없다고 단호하게 말했다. 이순신과 진린은 한참을 다퉜고, 결국 진린을 설득해 함께 일본군을 치기로 결의한다.

十六日。

都督使陳文同入送倭營。

俄而。倭船三隻。

持馬與槍劍等物。

進獻都督

19일.

싸움이 급하다.

내가 죽었다고 말하지 마라.

— 『징비록』, 유성룡

1
5
9
8
년
무
술
년

노량해전

노량해전은 임진왜란의 그 어느 해전보다 치열하게 전개되었다. 두 편이 뒤엉켜 전투가 혼전으로 치달았다. 진린의 배에 일본군이 뛰어오르기도 했고, 이순신의 대장선이 일본 군선에 포위되는 아찔한 상황까지 연출되었다.

노량해전 전날, 이순신은 배 위로 올라가 하늘을 향해 빌었다.

"이 원수를 무찌른다면 죽어도 여한이 없겠습니다."

결국 이순신은 자신의 소원대로 목숨을 걸고 적을 막아냈다.

이 노량해전을 마지막으로 7년 동안 계속되었던 임진왜란은 끝이 났다. 유성룡의 『징비록』에 이순신이 남긴 유언이 쓰여 있다.

이순신의 뜻대로 부하 장수들은 그의 죽음을 알리지 않았다. 그리고 이순신의 이름으로 전투를 지휘하여 노량해전을 승리로 이끈다. 우리가 영웅으로 추앙하는 이순신은 이렇게 죽었다.

戰方急愼, 勿言我死。

－『懲毖錄』, 柳成龍

시기	내용

47살 _ 1591년 신묘년

| 2월 | 이순신, 전라좌도 수군절제사에 임명됨. |

48살 _ 1592년 임진년

1월 1일	『난중일기』 기록 시작.
2월	조정에서 신립과 이일을 각 도로 보내 군사 대비 태세 점검.
2월 19~27일	여도, 녹도, 발포, 사도, 방답진 순회 점검.
3월 5일	유성룡이 『증손전수방략』이라는 병법서를 보내옴.
3월 27일	해안 방비 태세와 거북선 점검.
4월 13일	부산 앞바다에 일본 함대 상륙.
4월 14일	부산진성전투 패배. 정발 전사.
4월 16일	부산 함락을 알리는 원균의 공문 도착. (부산 상륙을 알리는 공문은 15일에 도착.)
4월 30일	선조, 도성을 떠나 피란길에 오름.
5월 2일	일본군의 한양 점령.
5월 7일	선조, 평양에 도착. 옥포 합포해전 승리. (4~9일, 이순신 1차 출전.)
5월 29일	사천해전 승리. 이순신, 어깨에 총상 입음. (5월 29일~6월 10일, 이순신 2차 출전.)
7월 8일	한산도해전 승리. (4~13일, 이순신 3차 출전.)
7월 17일	조선과 명나라 연합군 1차 평양성전투에서 패배.

시기	내용

49살 _ 1593년 계사년

1월 6~8일	조선과 명나라 연합군, 2차 평양성전투에서 승리. 일본군 퇴각.
2월 10일	웅천해전 승리.
3월 4일	제2차 당항포해전 승리.
4월 20일	조선과 명나라 연합군 한양 탈환.
6월 29일	제2차 진주성전투에서 패배, 진주성 함락. (1차 진주성전투는 1592년 10월 6~10일 벌어졌으며, 일본군의 전라도 침공을 막아낸 전투임.)
8월 15일	이순신, 삼도수군통제사에 임명. (이순신이 임명 사실을 전해들은 때는 10월 1일.)

50살 _ 1594년 갑오년

1월 21일	전염병으로 군사 214명 사망. (1593년 봄부터 1595년 여름까지 수군 병력의 반수 이상을 전염병으로 잃은 것으로 추정됨.)
3월 6~27일	이순신, 전염병에 감염됨. (부하였던 어영담은 4월 9일 전염병으로 사망.)
4월 13일	순무어사에게 해상 훈련 모습을 보여줌.
6월 4일	원균과 친하게 지내라는 임금의 명령이 전달됨.
9월 3일	'적을 치지 않으려 한다'는 선조의 비밀교지 도착.
10월 1일	거제도 장문포에 도착해 왜적을 공격함.
10월 4일	곽재우, 김덕령 등과 수륙 합동 작전으로 장문포의 적

시기	내용
	을 쳤으나 큰 성과를 거두지 못함.

51살 _ 1595년 을미년

8월 23일	체찰사 이원익과 만남.
8월 27일	수군 5,480명에게 특식 제공.

52살 _ 1596년 병신년

4월 19일	도요토미 히데요시가 죽었다는 거짓 소문이 퍼짐.
윤8월	체찰사 이원익과 만나 수군의 전력 증강 방안 논의.
9월 3일	도요토미 히데요시의 거부로 명나라와 일본 사이의 강화 협상 결렬, 조선 재침략 결정.

53살 _ 1597년 정유년

1월 14일	일본이 조선을 다시 침략함.
1월 27일	원균, 삼도수군통제사에 임명.
2월 26일	이순신, 서울로 압송됨.
3월 4일	감옥에 갇힘.
4월 1일	감옥에서 나옴.
4월 5일	고향 아산에 도착.
4월 11일	어머니 사망.
6월 4일	백의종군 지역인 합천 초계에 도착. 8일에 권율 만남.
7월 15일	칠천량해전 패배. 원균 전사.
8월 3일	이순신, 삼도수군통제사에 재임명한다는 교지 받음.

시기	내용
8월 21일	급성 위장병 증세로 심하게 고생함.
8월	수군 철폐가 논의되고 있는 조정을 향해 12척의 배가 남아 있어 싸워 이길 수 있다는 장계 올림.
9월 2일	고위 장수인 배설, 탈영함.
9월 16일	명량해전 승리.
10월 14일	막내아들 면의 전사 소식이 전해짐.
10월 29일	보화도로 진영을 옮김.

54살 _ 1598년 무술년

시기	내용
8월 18일	도요토미 히데요시 사망.
9월 20~22일	이순신과 진린의 연합 수군, 해상에서 고니시 유키나가의 순천 예교성 공격. 육군 제독 유정의 소극적 태도로 실패.
10월 2~4일	이순신과 진린, 순천 예교성 공격 재개.
11월 16일	일본군의 퇴로를 열어주려는 명나라 수군 제독 진린과 다툼.
11월 19일	노량해전에서 이순신 전사.

- 국가기록유산, www.memorykorea.go.kr, 『이순신 난중일기 및 서간첩 임진 장초』.
- 국립진주박물관 엮음, 『임진왜란과 도요토미 히데요시』, 오만·장원철 옮김, 부키, 2003.
- 김시덕, 『동아시아 해양과 대륙이 맞서다』, 메디치미디어, 2015.
- 박종평, 『흔들리는 마흔 이순신을 만나다』, 흐름출판, 2014.
- 박혜일 외, 『이순신의 일기』, 서울대학교 출판부, 2002.
- 유성룡, 『징비록』, 김홍식 옮김, 서해문집, 2014.
- 이민웅, 『이순신 평전』, 성안당, 2014.
- 이순신, 『교감 완역 난중일기』, 노승석 옮김, 민음사, 2011.
- 이순신, 『난중일기』, 송찬섭 엮어옮김, 서해문집, 2004.
- 이순신, 『증보 교감 완역 난중일기』, 노승석 옮김, 여해, 2014.
- 이순신역사연구회, 『이순신과 임진왜란』 4, 비봉출판, 2006.
- 이은상 역, 『완역 이충무공전서』 상·하, 성문각, 1992.
- 정두희·이경순 엮음, 『임진왜란 동아시아 삼국 전쟁』, 휴머니스트, 2007.
- 조선왕조실록, sillok.history.go.kr, 『선조실록』, 『선조수정실록』.
- 조성도 역, 『임진장초』, 연경문화사, 2010.
- 한국고전번역원, www.itkc.or.kr, 한국문집총간, 『이충무공전서』.